신법 명리학 탐색
新法 命理學 探索

신법 명리학 탐색
新法 命理學 探索

초판 1쇄 발행 2023년 7월 17일

지은이 魯山 곽노전
펴낸이 장길수
펴낸곳 지식과감성#
출판등록 제2012-000081호

교정 한장희
디자인 오정은, 정한나
편집 정한나
검수 주경민, 정윤솔
마케팅 정연우

주소 서울시 금천구 벚꽃로298 대륭포스트타워6차 1212호
전화 070-4651-3730~4
팩스 070-4325-7006
이메일 ksbookup@naver.com
홈페이지 www.knsbookup.com

ISBN 979-11-392-1191-7(03180)
값 18,000원

- 이 책의 판권은 지은이에게 있습니다.
- 이 책 내용의 전부 또는 일부를 재사용하려면 반드시 지은이의 서면 동의를 받아야 합니다.
- 잘못된 책은 구입하신 곳에서 바꾸어 드립니다.

지식과감성#
홈페이지 바로가기

신법 명리학 탐색
新法 命理學 探索

魯山 곽노전 지음

目次

1장. 명리학命理學 논고論考

1. 명리학命理學이란 무엇인가? ... 8
2. 명리학의 기원起源 ... 15
3. 명리학의 핵심으로서의 오행五行 ... 18
   1) 국가 사회 지도 원리로서의 오행五行 ... 18
   2) 홍범구주洪範九疇와 오행五行 ... 25
4. 음양陰陽의 기원 ... 30
5. 음양오행과 유학儒學 ... 33
6. 음양오행과 한글 ... 40

2장. 부호 체계符號體系 - 대상對象의 부호화符號化

1. 간지干支시스템 - 오행五行의 부호화 ... 46
2. 류운流運과 오행 ... 59
3. 사주四柱 배열법 ... 63
4. 역경易經과 간지干支시스템 ... 66
5. 명리학의 해독체계解讀體系 ... 72

3장. 고법 시대古法時代 - 고전 역학 시대古典力學時代

1. 신살 체계神煞體系 ... 78
2. 오행五行과 오행 작용五行作用에 대한 기본적 이해 ... 82
   1) 오행에 대한 기본적 이해 ... 82
   2) 오행 작용五行作用에 대한 기본적 이해 ... 83

3. 12운성 체계運星體系와 12신살 체계神煞體系　　87
4. 형충회합刑冲會合 체계體系　　94
5. 공망空亡 체계體系　　103
6. 납음오행納音五行 체계體系　　106
7. 고법古法 표준標準 모형模型　　114

4장. 금법 시대今法時代 - 상대론 시대相對論時代

1. 금법今法 표준標準 모형模型　　122
2. 간지론干支論　　124
3. 십신론十神論　　126
4. 격국론格局論　　129

5장. 신법 시대新法時代 탐색探索 - 양자론 시대

1. 음양陰陽과 물리학物理學　　141
2. 오행(Five Waves)과 입자표준모형(the Standard Model of Particle)　　152
3. 오행과 생명의 관계　　155
4. 십신론十神論의 정正, 편偏 문제와 물리학의 SPIN　　167
5. 12운성과 물리학　　173
6. 명리학命理學과 양자론量子論　　176
7. 신법 표준 모형 탐색　　179

　　후기後記: 명리학命理學이란 무엇인가?　　183

1장

명리학命理學
논고論考

1. 명리학命理學이란 무엇인가?

　명리술命理術 또는 명리학命理學이란 "개인의 출생 시간出生時間을 근거로 그 개인의 **운명運命**을 **묘사描寫**하고 **예측豫測**하는 활동"을 통칭한다. 부연 설명하면, 개인의 출생 시간을 상징하는 부호符號 체계를 만들고, 우주와 자연에 대한 관조로부터 파생하고 정립된 그 어떤 규칙 체계나 혹은 이론/추론 체계를 사용하여, 출생 시간의 부호를 조망하고 해독解讀하여 그 개인의 운명運命을 묘사하고 예측하는 것을 말한다.[1]

　위의 정의에 따르면 명리 활동은 (1) 출생 시간을 **부호화符號化**하는 과정, (2) 그 부호를 어떤 정립된 이론 및 도구체계를 사용하여 **해독解讀**하는 과정, (3) 해독의 결과로 그의 운명을 **묘사描寫**하고 **예측豫測**하는 과정으로 나누어 볼 수 있다. 이는 우리에게 널리 알려진 주역 체계와도 유사하다. 주역 또한 어떤 사안에 대해 괘卦를 생성시키는 부호화 과정과 그 부호를 읽고 괘사卦辭, 효사爻辭를 뽑아내서 해독하는 과정 그리고 해독의 결과로서 그 사안에 대한 묘사 및 예측을 하는 과정으로 나누어진다.

---

[1] 루즈지, 《명리학의 이해 1》 중 "1장", 김연재 역, (사회평론, 2018)

루즈지는 그의 저서 《명리학의 이해》에서, 이러한 명리 활동에는 역사적으로 크게 두 부류가 있는데, 해독에 사용하는 이론 및 도구 체계가 여전히 규칙 체계 수준에 머물러 있어 "학문"이라기보다는 "술수"라 볼 수 있는 '자미두수紫微斗數 술법'과 시대를 면면히 이어 오며 다수의 대가들의 노력을 거쳐 그 이론과 추론의 체계가 학문적 반열에 올라섰다고 평가할 수 있는 **'사주팔자四柱八字 명리학命理學'**으로 대별하고 있다. 그리고 자미두수의 도구체게는 점성술에 기반을 두고 있는 반면, '사주팔자 명리학'은 **"음양陰陽과 오행五行을 핵심**으로 하는 자연 생태적 유형의 형식"을 그 이론과 추론 체계로 삼고 있음을 역설하고 있다.

　따라서 명리학이란 "개인의 출생 시간(출생 年月日時) **부호를 '음양오행'**을 핵심으로 하는 사상 체계로 **해독**하여 그 **운명**을 **묘사**하고 **예측**하는 학문"이라고 정의할 수 있으며, 명리학을 공부하거나 직업으로 한다는 것은 음양오행을 핵심으로 하는 사상 체계의 내용과 오의를 잘 체득하고 깨달아서 개인의 출생 시간을 근거로 그 운명을 묘사하고 예측하는 활동을 일컫는다.

도표 1 **명리학 간명看命의 구조**

부호화 符號化	-	해독解讀 - 음양오행의 핵심 사상 체계 - 각종 이론과 법술체계	-	運命 묘사描寫 예측豫測

한편, 루즈지는 그의 저서 《명리학의 이해 1》 중 2장 '명리학의 탄생 조건'에서 漢 제국의 성립 후 생산성 증대에 따른 개인 특히 평민계층의 존재 의의가 부상함으로써 국가 단위, 귀족 위주의 점과 예측 행위가 민간, 개인의 길흉화복 예측 행위로 보편화되었고 또 한편으로는 국가적 단위에서는 더 이상 점과 명리를 필요로 하지 않게 되었다는 것, 심지어 배격되었다는 것을 논증하며 명리학을 개인사에 국한하여 정의하고 있다.

갑골점의 역사에서 보듯이, 은殷 왕조의 멸망 시까지 점占과 명리는 무속 혹은 사제司祭집단에 의해 국가와 사회의 지도 체제로 굳건한 지위를 유지하여 왔다. 하지만 주周 왕조의 혁명으로 소위 '미신 혹은 신화神話의 시대時代'가 가고 **'인문人文의 시대時代'**가 도래하게 됨에 따라 새로운 국가의 통치 철학과 사회 지도체제를 다른 인문적 요소에서 찾게 됨에 따라 점과 명리는 화려한 중앙 무대에서 점차 골목의 민간요법 수준으로 전락해 갔던 것이다.

혹자는 갑골점이나 역경 등 점과 무속이 고대 국가 지도 사상 체계 내에 있었다는 것은 사료를 통하여 확인할 수 있으나, 명리학이 그 영역 범주에 있었다는 것을 어찌 증명할 것이냐며, 명리학의 기원을 漢 왕조 시대로 포지셔닝하고, 명리학의 정의를 루즈지와 같이 개인사적 차원으로 자리매김하기도 한다.

다음 장에서 보다 자세히 설명하겠지만, 우리는 사기史紀와 서경書經에서 오제五帝 시대, 하夏, 은殷 왕조의 핵심 통치 사상이 五行이며 고대 국가의 헌법에 준하는 홍범구주洪範九疇의 제1조 또한 오행五行임을 문헌적으로 확인할 수 있다. 그리고 **명리학이 음양오행을 핵심으로 하는 사상 체계를 근간으로 하는 예측학**이라는 점에서 명리학의 기원을 오제五帝 시대까지 끌어올릴 수 있다 하겠다.

따라서, 명리학의 정의를 **음양오행 개념과 사상에 초점**을 맞추고 보다 확대 해석하여, 명리학이란 "개인사뿐만 아니라 어떤 사건이나 대상을 음양오행적으로 **부호화**하고 그 부호를 음양오행을 핵심 기제로 하는 이론, 추론 체세도 **해독**하여 그 대상의 **운명**을 **묘사**하고 **예측**하는 학문"이라고 광의적으로 정의할 수 있겠다. 한마디로 정의한다면, "명리학은 음양오행론으로 푸는 **운명 예측학**"이라고 할 수 있다.

덧붙여, 명리학의 **학문 영역** 또한 다음과 같이 크게 분류할 수 있다.

(1) 대상을 포착하고 음양오행적으로 부호화하는 영역
 - 이는 수학에서 대상을 추상화하여 수나 기호로 표현하는 작업과 유사하다 하겠다.

(2) 음양오행을 핵심 기제로 하는 **이론, 추론 체계의 연구, 발전 영역**

(3) 운명의 묘사 및 예측 영역 - 통변술 또는 통변학의 영역

그리고 명리학이 명리술이나 루즈지가 언급한 '전통적 명리학'을 뛰어넘어 진정으로 현대적 의미의 학문의 반열에 올라서기 위해서는 위의 제 영역에서 엄격하고 과학적인 이론 수립과 검증 작업이 이루어져야 함은 자명하고 이는 모든 명리학자, 학도의 과제요, 사명이라 할 것이다.

〈예측이라는 행위〉

외부 자극을 감지하고 이에 어떤 형태로든 일차적 반응을 하는 것은 비생명체와 구분을 짓는 생명체의 가장 기본적 행위이다. 그리고 자극이 주어졌을 때 반응을 시작하는 것보다 외부 자극을 예지豫知하고 미리 대처하는 편이 생존율이 훨씬 높다는 것을 깨닫는 방향으로 진화하는 생명체들이 출현하기 시작했다.

언제, 어떻게, 어떠한 자극이 나와 우리에게 덮쳐 올 것이며 그것이 나와 우리에게 미칠 폐해나 영향력이 어느 정도일지 그리고 그 자극에 대응하여 나와 우리가 할 수 있는 것은 무엇인지를 미리 알고 대응 방안의 세부 사항까지 계획해 놓을 수 있다면 나와 우리의 생존율과 발전이 극대화될 가능성이 훨씬 더 높아질 것이다.

이와 같은 예측-대처 행위는 주위 환경이 불확실하고 거칠수록 그 중요성이 더욱 커진다. 우리는 사료史料를 통하여 고대인들과 고대문명들의 가장 중요한 행위들 중의 하나가 예측-대처 능력을 높이는 것이었음을 쉽게 알 수 있다. 인지능력과 기술력 등이 후대에 비해 많이 낙후되어 있다 보니 주위 환경이 혹독하고 불투명하게 여겨졌을 것이다. 이러한 악조건 속에서도 고대문명은 서양에서는 주로 점성술, 동양에서는 주로 음양오행을 기반으로 하는 명리학 체계에 의존하여 예측력을 높이고자 노력해 왔음은 주지의 사실이다.

그러나 인문의 시대가 도래함에 따라 사람들은 명리학과 점성술을 터부시하게 된다. 심지어 사사로운 예측 행위 자체를 금지하거나 죄악시하는 경향까지 나타나고, "君君臣臣 父父子子" 자신의 소명에 충실하면 세상은 잘 돌아갈 것이라는 믿음이 뿌리를 내리게 된다. 오죽했으면 각자 자신의 최선을 다하고만 있으면 invisble hand가 있어 세상을 가장 조화롭게 끌어갈 것이라는 굳은 믿음이 금세기까지 인류를 지배하여 왔을까?

그러나 과연 그러한가? 오늘날 각종 수학, 통계, 과학적 방법이 예측에 동원되고 있다. 어떤 개인이나 단체도 자신을 제대로 파악하지 못하거나 예측을 게을리하면 도태되는 격랑 속에 놓여 있다. 강자도 예외는 없다. 강자일수록 그 추락의 충격은 더욱 클 것이다.

단도직입적으로 필자는 이 혼돈의 시대에 가장 필요한 것이 명리학이 아닌가 생각한다. 명리학은 우선 자신이 누구인지 그리고 역량과 자원은 어느 정도인지를 비교적 정확히 밝혀 준다. 그리고 다가올 자극이나 도전이 어떠한 성질의 것인지를 알려 주고, 그에 대응하는 자신이 취할 수 있는 대응 방안을 맞춤형으로 제시해 준다. 특기할 만한 것은 환경의 자극이나 도전에는 공통적인 것도 있지만 각자에게 고유한 것도 있다. 이 고유한 도전을 맞춤형으로 파악해 주는 도구는 아직은 명리학이 유일하다고 해도 과언이 아닐 것이다.

그러면 명리학은 왜 이것이 독보적으로 가능한가? 그것은 명리학은 음양오행 체계라는 우주와 시대를 관통하는 진리의 도구를 가지고 있고, 수천 년에 걸친 검증의 빅 데이터를 보유하고 있으며, 또한 수천 년에 누적하여 골목길과 논밭, 공장과 사무실 등 생활 현장 속에서 서민과 더불어 같이 울고 웃으며 힘든 보편적 인류사를 살아오며 고민하고 살피고 기록해 온 은하수의 별들처럼 숱하게 명멸해 간 명리가命理家들이 있었고 또 있기 때문이다.

이 책은 이분들에 대한 필자의 조그마한 헌정사獻呈辭이기도 하다.

2. 명리학의 기원起源

앞 장에서 언급한 명리학의 기원을 추적하기 위해서, 우리는 명리학의 핵심 원리인 음양과 오행의 기원을 문헌학적으로 찾아가는 것이 합당한 방법일 것이다.

오행五行에 대한 최초의 기록은 사마천의 《사기본기》〈오제본기五帝本紀 편〉에서 찾아볼 수 있다. "염제炎帝가 제후들을 쳐서 없애려 하자 제후들은 모두 헌원軒轅 황제黃帝에게로 귀의하였다. 이에 헌원은 덕을 닦고 군대를 정돈했으며, **오행五行의 기氣**를 다스리고 **五穀**을 심어 만백성을 어루만졌으며 사방의 땅을 재었다." 또 "전욱제 고양은 황제黃帝의 손자이면서 창의의 아들이다…. 적당한 땅을 골라 곡식을 기르고 하늘의 변화에 따라 절기節氣를 기재했으며, 귀신에 의탁하여 예의를 제정하고 **오행五行의 기氣**를 다스려 백성들을 교화했으며…"[2]가 그것이다.

이어서 사기 본기 하본기夏本紀 편과 서경書經 하서夏書 감서甘誓 편에서는, "유호有扈씨가 복종하지 않자 禹 임금의 아들 천자 계啓가 그들을 정벌하려고 감서甘誓를 지어 선포

---
[2] 사마천, 《사기본기》, 김원중 옮김, (민음사, 2010년), p.46, p.49

하였는데, 그 전쟁의 명분은 '**五行을 업신여기며**, 천지인天地人 三正의 바른 도를 태만히 하고 버리려 하므로 하늘이 그 맥을 끊고자 한다'는 것이었다."[3][4]

오제본기에서 우리는 역사의 개벽을 여는 오제 시대의 수좌인 황제黃帝(오제는 황제, 전욱顓頊, 제곡帝嚳, 요堯, 순舜을 이른다)가 **오행의 기**를 국가 통치의 근본이념으로 삼고, 뒤이어 천자에 오른 전욱제가 **오행의 도**를 더욱 계승 발전시켜 왔음을 알 수 있다. 그리고 오제 시대가 막을 내리고 하 왕조 시대를 열면서 황제와 치우천황 간 탁록대전에 버금가는 세기사적 전쟁인 '유호씨 정벌전'을 감행해서라도 도전받고 있는 **오행의 도**를 굳건히 지켜 내고자 하는 것이 새로이 왕조를 여는 하夏 왕조의 핵심 과제였던 것이다.

오늘날 많은 사람들에게, 명리학계 외에는 어디서에서도 그다지 주목을 받지 못하고 있는 **오행의 기**가 인류 문명의 개벽기에 국가와 사회의 최고 지도 이념이었으며 대규모 전쟁을 감행할 만큼 중요한 이슈였나 하는 의문이 들것이다. 그리고 그 당시 사람들에게 오행이 얼마나 절체절명의 이념이나 사상이었는지 전혀 실감하지 못할 것이다. 심지어 사마천조차도 하나의 사실史實로 오행五行을 열거하고 있을 뿐 그 개념의 중요도와 영향력을 파악하지 못하고 있음을

---

3) 사마천, 《사기본기》, 김원중 옮김, (민음사, 2010년)
4) 작자 미상, 《서경》, 이세동 옮김, (을유문화사, 2020년)

사기를 읽으면서 느낄 수 있다.

　결론적으로 오행의 기원은 최소한 오제 시대의 황제黃帝까지 거슬러 올라간다. 오행은 당시 고대인들이 우주와 자연에 대한 관찰을 통한 핵심적인 깨달음이었을 것이고 그리하여 이를 국가 사회의 근본 지도 사상으로 삼았음을 능히 짐작할 수 있다. 그리고 이 오행 사상과 오행적 사고를 명리와 점과 같은 예측 도구에 도입하여 활용했을 것 또한 미루어 짐작할 수 있다. 따라서, 명리학의 정의 "음양오행 사상 체계를 활용한 운명 예측 학문"에 입각, 명리학의 기원 또한 **문헌학적**으로 **최소 오제 시대五帝時代**로부터 발원함을 알 수 있다.

　그리고 오제 시대부터 은 왕조까지는 국가적 대사를 포함한 공적 영역을 주로 다루다가 주周 왕조의 성립 후 점차 개인적인 영역으로 격하되어 가고 한漢 왕조에 이르러 개인적 영역으로 확정되었음을 알 수 있다.

3.
명리학의 핵심으로서의 오행五行

1) 국가 사회 지도 원리로서의 오행五行

사마천은 오행의 기가 황제黃帝 때부터 국가와 사회의 근본이었다는 역사적 사실만 기록해 놓았을 뿐, 오행의 기가 무엇이며, 왜 근본이념 사상 체계가 될 수밖에 없었는지, 또 갑자기 튀어나온 유호씨는 누구이며 오행을 업신여긴다는 것은 무슨 의미인지, 왜 업신여기는지, 그렇다고 대규모 전쟁을 일으킬 가치가 있는 것인지에 대해서는 아무런 설명을 해 놓고 있지 않다. 또한, 사마천 이후 2,000여 년이 흐르는 동안에도 이에 대한 역사학자의 주석이나 해설 또한 찾아보기 힘든 실정이다.

당시 오행의 국가 사회적 의미를 좀 더 느껴 보기 위해서, 위작僞作의 의심을 받고 있는 신라 눌지왕 때 재상 박제상이 엮었다고 알려진 '**부도지符都誌**'를 도입하고자 한다. 이는 허구적이라 할지라도 단지 새로운 각도에서 투영하여 당시를 재구성해 봄으로써 아무도 설명해 주고 있지 않은 고대인들이 오행에 대해 갖고 있었던 감정과 의미를 조금이라도 느껴 보고자 할 따름이다.

부도지[5]에 따르면, 천산산맥 파미르고원의 마고성麻姑城에서 인류 집단이 상극相剋 작용은 없고 순수 상생相生 작용만 있는 **4행四行** 사상에 따라 평등한 유토피아적 삶을 살아가고 있었는데, 인구의 개체 수가 급격 증가하면서 **오미五味의 화禍**[오미의 화란 마고성의 사람들은 지유地乳(고대 그리스 신화 올림푸스산의 신들이 먹고 살았다는 '넥타르'와 유사)를 마시고 살아 인간과 만물 간의 조화를 이루며 살아왔는데, 사람들이 오미(단맛, 매운맛, 신맛, 쓴맛, 짠맛과 그 해당 음식)의 맛을 알게 되고 중독되면서 신성이 타락하게 된 인류 역사상 가장 큰 사건을 말한다]가 일어나자 마고성의 현인賢人들은 오미에 길들여진 무리들을 미고싱에서 추방할 수밖에 없게 되었다. 평화로운 생활 환경으로부터 추방되어 분파해 나간 무리들은 가혹하고 냉엄한 생존 환경 속에 던져졌던 것이다. 그들은 효율성 제고를 위한 자유 경쟁 논리를 도입하고 지배 계급의 착취 구조를 합리화하기 위하여 中央의 패권을 인정하여 상생상극相生相剋 작용 원리를 표방하는 **5행五行 사상**을 도입하였다. 그러나 세월이 흐름에 따라 제대로 검증되지 않았던 오행 사상의 부작용이 발생하니, 지나친 상쟁 상극으로 평등한 공동체가 파괴되고 수많은 사람들이 핍박받는 삶을 살게 되었다는 것이다. 이에 마고성의 현인들이 수시로 각 부족을 유세遊說하며(이

---

5) 박제상, 《부도지》, 김봉열 옮김, (마고문화, 2019)

유세의 전통은 이후 춘추 전국 시대 제자백가 현자들의 각 국 유세의 전례가 된다) 오행 사상의 부당성을 지적하고 4행 사상으로의 복귀를 설득하였는데, 사람들은 5행의 현실적 타당성을 항변하면서 대치 상태가 상당 기간 이어졌다. 그러다 우禹 임금 때 이르러 천하를 구주九州로 재편하고 5행 체제를 공식화하였다. 이에 마고성은 유호有扈씨를 급파하여 우 임금의 오행 정책의 오류를 지적하고 4행 사상으로의 회귀를 설득하려 하였으나, 우 임금의 아들 계啓 임금이 오히려 유호씨를 정벌함으로써 기나긴 **4행-5행 논쟁**은 종지부를 찍게 되고 하, 은 왕조 시대 내내 오행 사상이 근본 사상이 된다.

도표2 **4행 상생작용도相生作用圖**

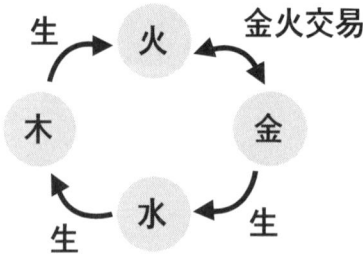

위 도표와 같이, 마고성의 현인들은 우주가 4행 즉 목木,

화火, 금金, 수水, 네 개의 기氣로 이루어져 있고, 이 네 개의 기氣들 간의 순순한 상생작용相生作用에 의해 우주가 운행하고 만상이 생육멸 한다고 생각하였다. 이는 바람, 불, 바위, 물의 4원소로 우주가 이루어져 있다는 고대 그리스 밀레토니아학파의 탈레스가 주장한 4원소설과도 일맥상통하다고 하겠다.

　대장간의 불이 쇠를 단련하여 필요한 도구와 물건을 만들어 낸다. 작열하는 태양은 식물들을 극한으로 밀어붙이지만 가을의 풍성한 과실과 씨앗을 만들어 낸다. 연약한 토끼가 상위 먹이사슬에 잡아먹히지만 이는 극剋이 아니라 대 우주가 유지되고 유행되는 생生의 한 과정인 것이나. 이것이 화극금火克金이 아니라 금화교역金火交易의 신비인 것이다. 대자연에는 극이란 것이 없다. 모두가 상생의 순환도 상에서 삼라만상이 돌아가고 있는 것이다.

　하지만 사람들은 이 금화교역의 신비를 믿지 못하고 토土를 끼워 넣어, 화생토火生土, 토생금土生金으로 이어지는 오행 상생작용과 오행 상극관계를 만들어 내었다.

도표 3-1 5행 상생작용도

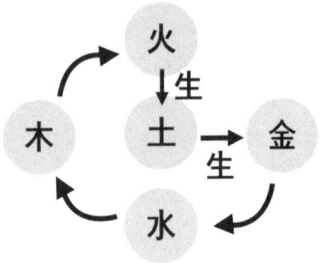

도표 3-2 5행 상극작용도

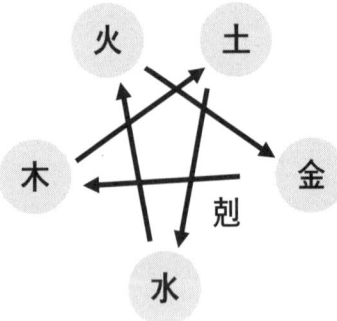

 이상에서 우리는 부도지의 위작 여부를 떠나서, 고대 사회에 4행과 5행이 어떤 위치를 차지하고 있었으며 왜 5행을 둘러싸고 극단적인 대결 상황으로 치달을 수밖에 없었는가에 대한 조그만 깨달음의 단서는 얻을 수 있을 것 같다.

역사학계에서 고대사는 천재가 전공한다는 격언이 있는데, 좁쌀만 한 사료의 편린을 붙들고 장구한 역사의 흐름을 추론해 낼 수밖에 없기 때문일 것이다. 4행-5행 쟁투를 굳이 현대적으로 유추하자면, 평등 박애의 공산 유토피아 사상과 경쟁과 효율을 지향하는 자본주의 제도 간의 대결 구도로 볼 수 있겠다. 지난 몇 세기에 걸쳐 두 사조思潮는 얼마나 격렬하게 대립하고 투쟁하여 왔던가? 그리고 자본주의 체제로 대세가 기울고 점차 보편화되면서 세계는 아이러니하게도 자본주의의 자체 모순으로 홍역을 앓게 되었다. 그리하여 수정 자본주의, 제3의 길, 사회주의 등 각종 대체 사상들이 우후죽순처럼 출몰을 거듭해 오고 있다.

이처럼, 5행 사상이 확고히 뿌리내린 하 왕조, 은 왕조는 자본주의의 폐해처럼 **5행 사상의 폐단**으로 인해 극심한 고통과 몸살을 앓게 되었고, 과감한 개혁을 필요로 하면서 주周 왕조가 출범하게 된다. 주 왕조의 성립은 5행 사상으로 인한 폐단을 개혁하기 위한 일종의 **수정 오행주의**의 등장이며, **中庸사상**이 통치의 근간으로 등장하게 된다. 오늘날 우리는 대부분의 경우 中庸을 모호한 관점 혹은 각자 호도, 왜곡된 관점으로 이해하고 있거나 처세술의 중간자적 태도 등 단순하게 이해하고 있는데 이는 4행과 5행 논쟁의 개념과 쟁투의 역사를 모르는 데서 기인한다. 중용이란 기존의 극단적 5행 체계에서 4행 쪽으로 좌클릭하여 나감으로써 체제와 개인의 모순과 폐단을 극복해 나가고자 하는 실천 사상인 것이다. 그러므로 4행의 순수한 상생 작용과 5행의 상생상극 작용 원리와 그 오의를 이해하지 못하고선 중용을 아무리 읽어도 그 진정한 뜻을 알 수 없게 되는 것이다.

주희가 편찬한 《중용장구서中庸章句序》에 보면 "允執厥中者 堯之所以授舜也 人心惟危 道心惟微 惟精惟一"라는 중용의 핵심 구절이 있다. 이 뜻은 "'정성을 다해 그 중도를 지켜나가라'는 것은 요임금이 순임금에게 준 말씀이며, 인심人心은 위태롭고 도심道心은 잘 드러나지 않으니 인심을 정밀하게 살피고 도심을 한결같이 보존해야 한다."라는 뜻이다.[6]

요임금과 순임금의 시절에 국가와 사회의 대사大事는 무엇이었는가? 천하지대본天下之大本을 세우는 문제 곧 4행-5행 대논쟁이지 않았던가? 그로 인해 미증유未曾有의 대전쟁인 '유호有扈씨 정벌전'이 발생할 정도였지 않은가? 그러면 우리는 이 중용이 전하고자 하는 것은 적어도 4행과 5행 관련 내용이라는 것은 짐작할 수 있겠다.

도심道心은 순수 상생작용의 4행일 것이다. 도道지만 현실에서 지키고 실현하기가 어렵다. 즉 현실적으로 잘 드러나지 않는다(유미惟微). 그래서 효율성을 지향하고 패권주의적인 5행을 도입하고 전면 실시하였다. 이가 위에서 말한 인심人心이다. 그러나 5행주의는 여러 사회적 부작용을 노

---

[6] 《대학 중용》, 이세동 옮김, (을유문화사, 2007), pp.136-137

출시키고 갈등이 만연하고 사람들의 흉성凶性이 두드러지게 되는 단점이 있다. 그래서 위태롭다(유위惟危).

이에 사회적 갈등과 사람들의 흉성이 높아지지 않도록 정밀하고 정성스레 살피고 관리하는 데에 있어 그 기준은 4행의 순수 상생주의를 그 본으로 삼으라는 것이다. 즉 5행의 장점을 조심스레 취하되 4행의 본을 지키는 중도의 가르침이 중용사상中庸思想의 핵심인 것이다.

후에 공자는 "道之不行也我知之矣. 知者過之愚者不及也." 이는 "도가 실천되지 않는 이유를 나는 아는데, 智者, 人心 즉 五行은 너무 지나치고, 愚者, 道心 즉 四行은 너무 모자라기 때문이다."라고 하며 중도中道를 가르치셨다. 또 "어리석은 자愚者라야 도道에 들 수 있다."라는 동양의 격언 또한 이와 무관하지 않을 것이다.

주 왕조 이후에 사용하는 오행의 개념은 이처럼 4행과 5행의 중도, 즉 중화中和된 오행五行 개념이라 보면 무방할 것이다. 이 책에서 이후의 오행은 이 中庸의 五行 개념임을 밝혀 둔다.

2) 홍범구주洪範九疇와 오행五行

서경書經에 따르면, 주나라를 건국한 무왕은 은나라의 유신遺臣 기자箕子를 찾아가 천하를 다스리는 원리에 대하여 자문을 구하였다고 한다. 이에 기자는 하늘이 우禹 임금에게 내렸다는 **위대한 규범 강령 9가지** 즉 홍범구주洪範九疇를 알려 주었는데, 그 첫 번째가 오행이다. 이 홍범구주의 첫째 조목에서 수水, 화火, 목木, 금金, 토土의 五行과 그 성질을 설명하고 아울러 짠맛(함鹹 水), 쓴맛(고苦 火), 신맛(산酸 木), 매운맛(신辛 金), 단맛(감甘 土)의 五味도 가르치고 있다.[7]

홍범구주를 좀 더 살펴보면,

홍범구주洪範九疇

1주. 오행五行의 조목條目
　　오행과 오미五味는 天下本이다.

2주. 오사五事의 조목
　　수신修身의 道를 가르침
　　공손한 용모貌, 조리있는 말言, 밝고 지혜로운 관점視,
　　분별 있고 공정한 경청廳, 슬기로운 생각思

3주. 팔정八政의 조목條目
　　8가지 백성을 위한 정치 행위
　　식食 백성을 먹고살도록 해 주고
　　화貨 경제를 발전시키고
　　제사祭祀 조상을 공경하여 예를 숭상하게 하고
　　사공司空 나라의 SOC를 잘 갖추어 백성을 편리하게 하고

---

7) 작자 미상,《서경》, 이세동 옮김, (을유문화사, 2020), pp.346-368

사도司徒 백성을 잘 교육하여 주체적으로 살도록 돕고
사구司寇 치안을 잘 유지하여 안심하게 살도록 하고
빈賓 외교를 잘 하여 평화롭게 하며
사師 유비무환의 정신으로 강한 군대를 조련해 둔다.

4주. 오기五紀의 조목
천문과 역법을 잘 정비하는 것은 고대 국가의 기본

5주. 황극皇極의 조목
국가 지도층은 솔선수범해야 한다.(노블리스 오블리주)

6주. 삼덕三德의 조목
지도자는 정직正直, 강극剛克, 유극柔克의 삼덕을 잘 써서
조직의 조화를 달성한다. 즉, 공정한 준거 틀히에 때론 강경정책
때론 유화정책을 적절히 잘 시도하는 운영의 묘를 찾을 것

7주. 계의稽疑의 조목
의심스러운 것을 헤아리기 위해 점占을 활용하는 법과 마음가짐
복卜과 서筮의 두 종류의 점을 칠 것
우雨 제霽 몽蒙 역驛 극克으로 살피며 결과는 정貞(吉)과 회悔(凶)로 판단할 것
三人이 占을 치게 해 두 사람의 말(二人言)을 따를 것(三人占二人言)
크게 의심스러우면 관리, 백성과 상의하는데 그 규칙은 다음과 같다.
복, 서, 왕, 관리, 백성의 의견 중 3건이 일치하면 그를 따를 것으로 일종의 5판 3승제와 유사하다 하겠다.

8주. 서징庶徵의 조목
자연의 운기는 지도자의 태도와 깊은 관련을 가지는데 그 징조는,

휴징休徵 : 복된 징조
지도자가 삼가고, 잘 다스리고, 지혜롭고, 사려가 깊으며, 거룩할 때
구징咎徵 : 불길하고 허물이 되는 징조
지도자가 광망하고, 말이 사리에 어긋나고, 게으르고, 조급하고, 어리석을 때
이 징조는 왕은 년 단위, 고위관리는 월 단위, 부서장은 일 단위로 살펴서 어긋남이 없는지 득실을 평가하고 조치해야 한다.

9주. 오복五福과 육극六極
지도자는 백성들이 오복을 누리며 살게 해야지 육극의 도탄에 빠지게 하면 안 된다.
오복 : 壽, 富, 康寧, 好德, 終命
육극 : 凶短折, 疾病, 憂, 貧, 惡, 弱

명리학은 특히 홍범구주의 "제7주 계의稽疑의 조목"을 유념해야 한다. 명리가의 판단은 만능이 아니다. 간명하는 사람에 따라 보는 것과 판단이 다 다를 수가 있다. 간명자는 자기의 간명을 결코 강제해서는 안 되고 자기의 간명 의견을 엄숙하고도 조심스럽게 내놓아야 한다. 그리고 사람의 성격이나 속성을 예단하는 점은 바람직하지 않다. 운의 길과 흉을 판단하는 선을 지키라는 것이 홍범구주의 가르침이다. 점을 보러 온 고객이 최대한 주체적으로 판단할 수 있도록 "3人占 2人言"을 권유해야 하고, 그럼에도 고객이 큰 의혹이 생기면 5판 3승제를 권유해야 한다. 명리가는 거대한 우주의 일부만을 각자 허용된 관점과 경험에 입각하여 계시

를 받을 뿐인 것임을 깨달아야 한다.

 이상에서 홍범구주의 전승을 통해 하, 은 왕조의 통치 원리가 주나라의 지도 원리로 계승되어 왔음을 알 수 있다. 오늘날로 치면 홍범구주는 헌법과 같은 개념일 것이다. 그리고 홍범구주의 첫째 규범으로 삼을 정도로 "오행과 오미가 천하의 본"임을 확인할 수 있다. 또한, 오행 속에 포함된 五味의(비교: 부도지 五味의 禍) 진정한 의미에 대해서도 다시 한번 깨우치게 된다. 그동안 사람들은 왜 오행과 오미가 국가 지도 원리의 첫째를 차지하는지 이해할 수 없었고, 또 굳이 알려고 하지도 않아 왔던 것이다. 오행과 오미의 의미는 4행과 지유地乳를 전제로 했을 때라야 환연히 깨달을 수 있다.

 이상에서 우리는 주나라가 국가와 사회의 통치 원리를 오행 체계의 기반 위에 두고 지나친 상쟁 상극의 폐해를 조정하는 중용의 도를 가미하였음을 추론할 수 있겠다.

 결론적으로 오행은 우주 자연철학의 정수이며, 오제 시대부터 하, 은, 주와 중용을 핵심 철학으로 하는 유학儒學 문명사를 관통하여 국가와 사회의 최고 지도 원리로서 작동해 왔다는 것을 알 수 있겠다.

4. 음양陰陽의 기원

우리는 명리학이 음양과 오행을 핵심으로 하는 사상 체계임을 알고 있으며, 오행의 기원에 대해서 앞 장에서 살펴보았다. 이 장에서는 또 하나의 핵심 원리인 음양 사상의 기원에 대하여 고찰해 보기로 하겠다.

음양陰陽의 개념이 삼황 시대三皇時代인 복희씨伏羲氏의 팔괘로부터 최초로 등장한다고 세간에 널리 알려져 있지만 이는 한참 후대에 와서 전설로 회자되고 있는 것을 옮겨 놓았다 하는 것이 보편설이다. 심지어 사마천은 삼황三皇 자체를 부정하는 관점을 취하고 있다. 또 태극太極 사상에서 음양의 기원을 찾을 수 있지만 태극의 개념 또한 한참 후대에 정립되었다고 알려져 있다. 루즈지는 그의 저서 《명리학의 이해》에서 오행 사상과 음양 사상은 별개로 성립, 발전해 왔으며, 오행 사상은 북방에서 발단하였고 음양 사상은 남방으로부터 전래되어 왔다고 서술하고 있다.

문헌학적으로 음양에 대한 최초의 기록은 공자가 저술했다고 알려진 '주역周易의 십익十翼'에서 찾을 수 있다. 학자에 따라 십익이 공자의 저술이 아니라 전국 시대에 나온 것으로 추측하기도 하므로, 또 하나의 후보인 전국 시대 때 편찬되었다고 공식적으로 인정되고 있는 의학서 황제내경黃帝內經과 최초를 다툴 여지는 남아 있다.[8]

《십익》'계사전 상' 5장에서, "一陰一陽之謂道 繼之者善也 成之者性也 … 음陰이 되었다가 양陽이 되었다가 하는 것을 道라고 한다. 도를 이어받아 작용을 계속하는 것이 善이고 도를 이어받아 이룬 상태가 性이다." 또 같은 5장에서, "… 음양불측지위신陰陽不測之謂神 음인지 양인지 헤아릴 수 없는 것을 신이라 한다."라며 陰陽이 등장한다.[9]

한편, 루즈지는 그의 저서 《명리학의 이해》에서, "음과 양이 진정으로 철학의 전당에 진입하게 된 것은 선국 시대 초기 도가학파의 덕분이다. 도가학파의 경전인 《道德經》 42장에서는 만물이 발생하는 과정을 다음과 같이 묘사하고 있다. 道生一, 一生二, 二生三, 三生萬物, 萬物負陰而抱陽, 冲氣以爲和. 도는 하나를 낳고 하나는 둘을 낳고 둘은 셋을 낳고 셋은 만물을 낳는다. 만물은 음을 등지고 양을 끌어안으니 충의 기가 이로써 화합하게 된다. 노자 이후에 음양을 사용하여 주역의 경문을 해석하고 활용한 역전이 등장하였다…."라고 하며 주역의 십익이 노자의 도가 사상 이후에 성

---

8) 김상연, 이명훈, 장필순, 《음양오행, 별과 그림자 그리고 다섯 원소》, (와이겔리, 2021), p.15
9) 이기동, 《주역강설》, (성균관대학교출판부, 2010), p.849

립된 것으로 갈파하고 있다.[10]

  그렇다면 문헌학적으로 음양의 기원은 노자의 《道德經》에서 찾는 것이 맞을 것이다. 그러나 문헌적인 고증을 떠나서 실제 사용한 자취를 유추해 나간다면 음양 개념의 발원은 12간지干支의 양간陽干, 음간陰干이나 易卦의 陽爻 陰爻에서 찾는 것이 더 타당할 것 같다. 간지와 괘, 효가 언제부터 사용되었는지는 알 수 없으나 최소한 하 왕조 때부터 사용되어 왔다는 것은 다양한 史料를 통하여 확인할 수 있다.

  따라서, 음양의 기원 또한 오행과 거의 동일 시대로 추정할 수 있으며, 음양과 오행을 핵심으로 하여 점을 보는, 즉 미래를 예측하는 명리학의 기원 또한 오제 시대 무렵으로 보는 게 맞겠다.

---

10) 루즈지, 《명리학의 이해 1》, 김연재 역, (사회평론, 2018), pp.123-124

5. 음양오행과 유학儒學

중국 근대 저명 국학자인 전목錢穆에 따르면, 유학儒學에서의 유儒는 본래 기다린다는 의미의 수需+사람 인人의 결합이었다. 이는 직역하면 기다리는 사람을 말하는데, 하, 은 왕조 시절 司祭들이 점占을 칠 때 점의 결과를 기다렸다가 이를 기록하고 애매모호하고 난해한 점괘를 사람들에게 해석하여 전달하는 역할을 했고, 사제들이 조상신께 제사祭祀를 올릴 때 복잡한 제례祭禮를 돕고 이끌던 지식인 그룹이 었을 것으로 추정된다.

이는 고대 그리스 로마 사회의 델포이 신탁에서 피티아 여사제의 신탁점을 듣고 그것을 기록하고 해석하여서 의뢰자에게 전달하던 신관神官과 같은 역할인 것이다.[11] 그들은 고대 사회에서 문자를 알고 전문적으로 다루던 거의 유일한 집단이었으며, 제사의 절차와 예법을 관장하거나 제례 음악을 감독하던 사람들이었다.

후일 공자孔子가 왜 위편삼절韋編三絶 해 가면서까지 그토록 역경易經을 탐독하였고, 왜 주역周易에 십익十翼을 달았는지 그리고 왜 제례를 그렇게 강조하고 또 제례 음악을

---

11) 나무위키, "델포이 신탁"

중시하였는지를 여기서 짐작할 수 있겠다. 공자는 은殷나라의 멸망과 더불어 신화시대가 막을 내리자 실업자의 대열에 내몰려 귀족과 부자들의 글선생이나 집사 혹은 장례사葬禮師나 골목의 占術士 등으로 연명해 나갈 수밖에 없었던 몰락한 유인儒人의 후인後人이었던 것이다.

하급 무사武士의 서자로 알려진 공구孔丘가 어떻게 유인儒人의 후인이 되었는지 정확히 알 수 없으나, 아마도 젊은 시절 장례 집단을 따라다닐 때 어떤 인연을 만나서 사승師承을 이었었지 않을까 추정된다. 그 당시 비록 많이 파괴되고 실전失傳되어 있었겠지만 수천 년간 고대 사회를 주도해 왔던 유인儒人들의 마르지 않는 화수분처럼 방대하고 또 수준 높은 지혜와 지식의 보고寶庫, 아카이브(Archive)는 하층민 공구에게 신천지와 같았을 것이다. 그래서 공구는 미친 듯이 공부하였을 것이다. 오죽했으면 내가 제일 좋아하고 잘하는 것이 있다면 공부하는 것이고, 공부하고 때때로 익히면 너무나 즐겁지 아니한가라며 희열의 환호성을 내질렀을까. 그리하여 논어論語 술이述而편에 정리된 子曰: "述而不作, 信而好古, 竊比於我老彭."(자왈: 술이부작, 신이호고, 절비어아로팽)이라는 공자님의 말씀을 이해할 수 있게 된다. 공자님의 이 말씀은 오제, 하, 은 왕조 시대가 가졌던 거대한 아카이브를 전제로 하면 너무나 쉽게 해석이 된다. 그리고 아마도 장례사 집단의 팽彭씨 성을 가진 노사老師가 공자에게 아카이브를 전수해 주었을 것이다. 그래서 "아로팽"我老彭(나의 팽 선생님)이라고 친근감과 존경심을 표현한 것이다.

　공자님의 이 말씀을 해독해 보면, 나는 (거대한 아카이브를 공부하고 해독하여) 풀어 말해 주노니 이 중에 내가 창작한 것은 없고 (모두 계승한 것이다) 나는 옛것(거대한 아카이브)을 진실로 믿었고 그것을 (공부하기를) 좋아하였다. 이로써 나는 스승이신 팽 노사 정도의 경지에 올라설 수 있게 된 것 같다.

　"아로팽"(중국말로는 "워 라오 펑")이 있는 사람은 행복하다. 스승과 스승의 말씀을 진실로 믿을 수 있는 사는 위대하다. 이런 자만이 군자삼락君子三樂을 만끽할 수 있는 것이다.

　한편, 문헌을 추적해 보면, 공자는 장례사 집단에서 고대 현자들과 유인들의 아카이브를 접하고 공부하여 본本을 세운 후 세상에 출사하면서 점차 주공 단 이후 주류 사회의 대세였던 인문주의人文主義로 노선을 변경해 감을 알 수 있다.

(1) 중용中庸 16장

子曰 鬼神之爲德 其盛矣乎
자왈 귀신지위덕 기성의호
視之而弗見 聽之而弗聞 體物而不可遺
시지이불견 청지이불문 체물이불가유

귀신(오행기)이 행하는 덕은 성대하다.
볼 수도 없고 들을 수도 없지만 만물의 근원이어서
그것을 떠나서 살 수는 없다.

(2) 논어 옹야雍也편 20장

樊遲問知 子曰 務民之義 敬鬼神而遠之 可謂知矣
번지문지 자왈 무민지의 경귀신이원지 가위지의

우선 사람의 도리를 다하고, 귀신(오행의 도)은 공경하되 멀리하는 것 즉 그 원리와 정수는 공부를 하여 깨우쳐 활용하되 적정 거리를 두는 것, 그것이 지知이다.

(3) 논어 선진先進편 11장

季路問事鬼神 子曰 未能事人 焉能事鬼
계로문사귀신 자왈 미능사인 언능사귀

계로가 귀신 즉 오행기에 대해 묻자, 사람 즉 인문의 도도 다하지 못하고 있거늘 어찌 오행의 도를 행하고 있겠느냐.

(4) 논어 술이述而 5장

子曰: "甚矣吾衰也! 久矣吾不復夢見周公."
자왈: 심의오쇠야 구의오불부몽견주공

늙었나 보다. 주공의 꿈을 꾼 지도 오래구나.

오랜 세월 골목길의 하류 잡술로 몰락해 가던 유인들의 아카이브는 공구라는 대 천재天才를 만나서 유학儒學으로 틀을 갖추어 나가고 유가儒家로 발전하였으며 마침내 한漢 왕조에 이르러 국학國學과 국본國本으로 자리 잡게 되었다. 그리고 근대에 이르기까지 장장 2천여 년 동안 국가와 사회의 지배 사상이자 지도 원리가 되어 왔다.

유학儒學에 그 무엇이, 어떤 힘이 있어서 그토록 장구한 세월 동안 사회의 근간 사상이 되어 왔을까? 아무도 의문조차 품지 않을 정도로 압도적으로 사회를 지배해 온 그 실체는 무엇일까?

우리는 앞 장에서 오제 시대부터 하, 은 왕조 시대에 걸쳐 오행 사상이 국가와 사회의 지도 사상이었다는 것을 살펴본 바 있다. 그리고 이 오행 사상은 신탁점을 해석하고 풀어 쓰던 유인들에게 있어서도 당연히 지배 사상이고 지도 원리였을 것이다. 너무나 모호하고 어려운, 아무런 규칙성도 단서도 찾아볼 수 없는 점괘와 점사를 앞에 놓고 유인들은 오행의 상생상극 작용을 포함한 오행 사상 체계를 활용하였을 것이고, 그 적용의 빈도가 늘어날수록 더욱 고도화되어 나갔을 것임은 자명한 이치이다.

수천여 년에 걸친 오행 사상의 아카이브는 방대한 가운데 정예화되어 나갔던 것임은 쉽게 상상할 수 있다. 전부는 아닐지 몰라도 그 아카이브를 계승한 것이 공자이며, 기록에 따르면 공자는 방대한 내용을 탐독하고 편집하여 정수를 뽑아서 제자들에게 전수하였는데 이것이 유학의 기틀이 되어 발전되어 왔던 것임은 주지의 사실이다.

유학이 2천여 년 동안 순탄하게 지배적 지위를 누려 왔던 것은 아니다. 불교, 도교 등의 수많은 도전을 받아 왔고 한때 위기에 몰리기도 했다. 그 위기를 타개하고 유학을 더욱 굳건한 반석 위에 올려놓았다고 평가받는 이가 주자朱子이다.

그러한 주자朱子가 가장 강조했던 것이 유학의 근본으로 삼은 '사서오경四書五經' 중의 '중용中庸'이다. 주자는 '사서'를 '오경'보다 중시하여 먼저 읽도록 하였다. '사서' 가운데는 《대학》을 가장 먼저 읽어서 인생의 목표를 설정하고 가치관을 확립하도록 하였다. 그 후 《논어》와 《맹자》를 읽어서, 《대학》의 가치관대로 살았던 공자와 맹자의 언행을 살펴 인생의 스승으로 삼도록 하였다. 마지막으로 《중용》을 읽도록 하였는데, 최후의 단계에서 유학의 근본이념을 정밀하게 탐구하라는 당부였다.[12]

이는 유학의 가장 강력한 핵심이 곧 중용사상 체계임을 말한다. 그리고 그 중용의 핵심은 앞 장에서 설명했듯이 4행과 오행 사상인 것이다. 다시 말하면, 유학의 근본이며 유학을 그 장구한 세월 동안 국가와 사회의 근본이 되게 한 힘이 오행 사상임을 우리는 알 수 있다.

---

12) 《대학 중용》, 이세동 옮김, (을유문화사, 2007), p.21

이처럼, 오행은 고대 오제 시대부터 근대 초에 이르기까지 시대를 관통하여 우리 사회의 지도 사상이자 원리로 군림해 왔던 것이다.

6.
음양오행과 한글

　상당수의 언어학자들은 한글이 위대한 문자라고 한다. 강대한 국가와 민족이 사용하는 문자도 아니요, 그렇다고 절대다수의 사람들이 사용하고 있는 것도 아닌데 왜 위대하다고 하는 것일까? 단순히 쉽고 편리함 때문일까? 세상의 모든 소리를 자유로이 표현 가능하기 때문일까?
　우리는 한글이 위대한 이유를 바로 훈민정음해례訓民正音解例 제자해制字解의 서문에서 발견할 수 있다.
　훈민정음해례 제자해의 서문은 다음과 같다.
　"天地之道一陰陽五行而已 … 凡有生類在天地之間者 捨陰陽而何之 故人之聲音 階有陰陽之理 顧人不察耳"
　우주 만상의 도는 오직 음양오행뿐이라. … 천지간의 모든 생명체는 음양오행을 떠나 존재할 수 없는바, 고로 사람의 소리 또한 모두 음양오행의 이치로 되어 있는데, 사람들은 이를 파악하지 못하고 있다.
　즉, 한글은 우주 유일무이의 근본 도인 음양오행의 이치와 원리에 따라서 창제되었다는 것이다. 그러니 가장 자연의 이치에 부합하고 가장 과학적이지 않을 수 없으며 위대함이라는 수식어를 받기에 조금도 부족함이 없는 것이다.

훈민정음 창제 반포 시 최만리 등 수많은 신하와 유학자들이 이를 극구 반대하는 상소를 올렸는데, 그 요지는 중화사대中華事大에 반反하고 한문漢文을 버리면 유학 문명이라는 방대한 아카이브(Archive)로부터 멀어지게 될 것이라는 이유 외에 또 주요한 이유 중의 하나가 기존 설총의 이두 문자가 새로운 언문의 도입이 전혀 필요 없을 만큼 그 기능을 잘 수행하고 있고 세간에서 두루 쓰이고 있는데, 왜 일부러 엉뚱한 새로운 문자를 만들어서 백성들의 혼란을 가중시키려 하는가였다.

이런 극렬한 반대에도 불구하고 세종대왕이 훈민정음 창제를 강행한 이유는 왕께서 백성을 긍휼하게 여겼기 때문이라고 알려져 있지만, 그것만으로는 뭔가 아주 부족하다는 생각이 든다. 분명한 기록은 없지만, 당시 조선을 장악하고 있던 대다수의 성리학자들의 반대를 밀어붙일 뭔가의 이유나 동력이 있었다고 추정해 볼 수밖에 없다. 조선 왕실은 연산군 때를 잠시 제외하고 기득권층과 지식인들의 모욕과 견제를 무릅쓰고 400여 년의 세월 동안 변함없이 지속적으로 훈민정음의 정착을 위하여 노력했다. 특히 허약하기 이를 데 없었던 조선 후기 왕실의 분투는 눈물겹다.

이에 필자는 대담한 상상을 해 본다. 조선 왕실이나 조선 민중들 속에 혹시 유호有扈씨 계열의 후예들이 섞여 있었던 것은 아닐까? 그리하여 오행五行을 품은 성리학性理學과 제 2의 유호씨 전쟁 즉 4행-5행 쟁투를 벌여 왔던 것은 아닐까? 유난히 평화를 사랑한다는 백의민족이자 마고할미 전통이 면면히 흐르고 있는 조선 민중들이 사회지도층의 모멸과 박해 속에서도 한글을 품고 가꾸어 온 것은 세계사적으로도 유례를 찾기 힘들다.

그리고 한글은 일본 제국주의 강점기 한글말살정책을 버텨 내고 살아남았다. 아마 인류 마지막까지 살아남는 문자가 있다면 바로 한글이지 않을까 생각한다. 끝까지 살아남을 수 있는 내재적 원동력은 무엇일까? 그것은 바로, 우주 만물의 형성 원리와 사람의 소리 원리가 모두 음양오행 원리로 되어 있고, 한글은 정확히 이 원리를 따라서 만들어졌기 때문이다.

오늘날 한국 명리학계에서 작명作名을 할 때, 이 훈민정음 창제 원리를 따르고 있는데 이는 한국 명리학계가 가지는 큰 복이라 아니 할 수 없다. 다음에서 제자해制字解 중 음양오행에 따른 한글 창제 원리 일부를 소개하고자 한다.

도표 4 음양오행과 한글[13)14)]

오성五聲	아牙	설舌	순脣	치齒	후喉
오행五行	**목木**	**화火**	**토土**	**금金**	**수水**
오시五時	춘春	하夏	향하香夏	추秋	동冬
오음五音	각角	징徵	관官	상商	우羽
오방五方	동東	남南	중앙中央	서西	북北
자음	ㄱ, ㅋ	ㄴ, ㄷ, ㄹ, ㅌ	ㅇ, ㅎ	ㅅ, ㅈ, ㅊ	ㅁ, ㅂ, ㅍ

우리는 1장 전全편을 통하여,
(1) 음양오행의 기원과 유래, 국가 사회적 위상을 파악하였고
(2) 4행과 견주어 봄으로써 오행의 정확한 의미를 이해할 수 있게 되었으며
(3) 명리학이 음양오행 사상을 핵심으로 하는 예측학이며 오늘날 더욱 유용할 수 있는 가능성을 보았다.

다음, 명리학의 첫 번째 영역인 '대상의 부호화'를 살펴보고, 이어서 해독 시스템이 시대의 패러다임 변화에 따라 고법 시대, 금법 시대로 구별되며 그 각각의 주요 특징을 고찰해 볼 것이다. 마지막으로 현대의 양자론 패러다임 대두에

---

13) 네이버 지식백과, "훈민정음"(이응백, 김원경, 김선풍, 《국어국문학자료사전》, 1998)
14) 주현 박태국, 《기승전결 작명》, (예감, 2021)

따라 명리학도 새로운 시대의 명리학으로 거듭나야 될 필요성을 설명하고 그 주요 단초들을 탐색해 보고자 한다.

2장

부호 체계符號體系
― 대상對象의 부호화符號化

1.
간지干支 시스템 — 오행五行의 부호화

 고대의 현인賢人들은 어떤 물질이나 존재가 탄생하고 성장하고 멸하는 과정은 오행기五行氣가 작용하는 결과임을 파악하였다. 또한, 어떤 대상의 과거, 현재, 미래에 관여하는 오행기五行氣를 파악함으로써 그 대상을 대표적으로 이해할 수 있음도 알았다. 그 무형의 기를 읽어 내고 파악한다는 것은 결코 쉬운 일은 아니었을 것이다. 그러나 현인들은 수학자들이 복잡하고 모호한 상태를 수학 기호와 수리 모형數理模型으로 단순화하여 나타내듯이, 오행기五行氣의 흐름을 단순하면서도 핵심적으로 표현해 내는 부호 체계를 고안하게 되었는데, 그것이 간지干支 시스템이다. 이 "대상의 부호화"는 명리학의 시작 영역이라 할 수 있다.
 혼돈의 바다에서 오행기파五行氣波의 파동들이 **모여들고 중첩되고 그러다 응집되는 무한의 과정**들이 일어난다. 파동들이 고도로 응집되면 자전과 같은 고속 회전이 일어나는데 회전 방향은 좌左나 우右의 두 방향일 것이다. 혹은 위(up)나 아래(down)의 두 방향이어도 좋다. 현대 물리학에서는 이것을 입자의 탄생이라고 이야기하고, 그 자전의 방향성은 스핀(Spin)이라는 개념을 사용한다.(혹은 실제저인 자전이 아닐지라도 각운동角運動이라는 입자 고유의 성질로 보았다.)

모든 물질 입자들은 자전自轉한다. 이것은 역으로 입자들이 어떤 끈이나 혹은 파동들의 압축에 의하여 형성된다는 것을 보여 준다. 동양의 현인들도 기의 응축과 분산으로 우주 삼라만상을 설명하였으니 이 얼마나 대단한 혜안인가?

현대 물리학은 우주가 67%의 암흑에너지와 28%의 암흑물질, 5%의 물질로 구성되어 있다고 한다. 우리가 알고 있는 태양, 숨 막힐 듯이 광대무변한 은하들을 다 합해도 겨우 우주의 5%에 불과한 것이다. 옛 현인들은 우주는 오행기五行氣들로 꼭 차 있고, 오행기五行氣들이 삼재원리三才原理로 결합하여 12종류의 지지地支를 이루고, 이 지지가 다시 특정 오행기五行氣와 결합을 이룸으로써 어떤 완전체가 탄생하는 것으로 보았고 이를 간단한 수리 모형이나 부호 체계로 나타내고자 하였다.

현인賢人들은 우주의 근원을 이루는 이 오행기五行氣들을 천간天干이라 명명하였다. 그리고 오행기五行氣는 원천적으로 파동인데, 현인들은 파동의 상단 부분과 하단 부분의 구별에 음양이라는 어떤 특별한 의미를 부여하여(혹은 입자 spin의 up, down을 음양으로 표현했을 수도 있다) 천간을 모두 10개의 부호로 나누고 이를 십천간十天干이라 명명하였는데 다음과 같다.

도표 5 **10천간표**

오행기五行氣	양간陽干	음간陰干
목기木氣	갑甲	을乙
금기金氣	경庚	신辛
화기火氣	병丙	정丁
수기水氣	임壬	계癸
토기土氣	무戊	기己

위 도표에서 양간, 음간의 양, 음은 전하량 양음과 같은 어떤 다른 성질을 의미하는 것은 아닐 것이다. 한 파동에서 골의 높낮이에 따라서 전하량이 음양으로 확연히 바뀐다는 것은 조금은 이해하기 어렵다. 현대 입자물리학의 성과를 도입하면 목기는 단위당 전하량 +2/3, 금기는 -1/3, 화기는 전하량 -1, 수기 토기는 전하량 0으로 유추된다. 갑과 을은 같은 목기로서 똑같이 전하량 2/3를 가지고 있는 것이다. 그러므로 양간과 음간의 구별은 우리가 현재 알고 있는 음전하, 양전하, 남녀, 한난 등과 같은 구분은 아닌 것으로 보인다.

이럼에도 현인들이 양간, 음간을 구별했던 이유는 무엇일까? 필자의 생각에는 현인들이 현대물리학의 파울리(Pauli)의 배타성 원리와 같은 신비를 깨달았던 것은 아닌가 싶다. 陽干은 陽支와 陰干은 陰支와 결합해야만 한다는 **60干支의 배타성排他性 원리原理** 때문에 양, 음의 구별이 필요했던 것은 아닌가 추정된다. 후인들은 그 원리에 대한 이해가 부족하다 보니 음양에 대한 과도한 확대 해석이 이루어졌을 수도 있다.

또 하나 주의할 것은 토기土氣는 계절의 중개자 즉 결합매개자이기 때문에, 결합이 이루어지기 전의 단지 십천간인 상태에서는 어떤 특색을 드러내지 않는다. 이런 면에서 보면 근원으로서의 기는 4행이라고 보는 것이 일면 타당하다. 그러나 결합매개자로서의 토기 또한 중요하기 때문에 현인들은 십천간 내에 두어서 오행체제는 유지하고(이를 두고 격렬한 논쟁이 있었고, 유호씨 정벌 전쟁 후에 일단락되었다는 것은 주지의 사실이다), 수토동색水土同色이라 하여 토기를 별도로 인식하지 않고 수기와 묶어서 처리하였다. 수기와 묶은 것은 수와 토가 똑같이 전하량 '0'이기 때문일 것이다. 명리학에서 처음에는 상당 기간 수토동색水土同色을 쓰다가 화토동색火土同色으로 바뀌는데 그 뚜렷한 동기와 이유가 없다.

십천간은 어떤 대상의 태동을 예고는 하고 있지만 아직 형상화된 것은 아니고 여전히 암흑에너지의 상태인 것이다. 십천간의 다발들이 삼재三才 원리로 엉기고 결합하여 암흑물질을 이루게 되는데 현인들은 이를 지지地支라고 명명하였다. 그리고 지지를 이루는 천간들을 지지에 숨겨진 천간이라 하여 지장간地藏干이라 따로 명명하기도 하였다. 지지는 십천간들이 복잡하고 현란하게 어우러진 결과인데, 여전히 태동을 예고하는 단계이긴 하지만 십천간에 비해서는 어느 정도 윤곽은 갖춘 것으로 간주하였다. 물질처럼 관측되는 것은 아니지만 그 무엇인가의 존재감은 분명 드러내고 있는 암흑물질과도 같다고 볼 수 있겠다. 고대의 현인들이 어떻게 현대 물리학에서도 아직 규명하지 못하고 있는 것을 관조하고 통각하고 상징체계를 만들어 왔는지 신비롭지 않을 수 없다. 이를 철저히 분석 규명하는 것 또한 향후 명리학의 과제가 되어야 할 것이다. 반대로 현대 물리학에서도 이러한 명리학의 개념을 차용한다면 연구의 돌파구를 뚫을 수도 있지 않을까 생각해 본다.

현인들의 지혜를 요약하면, 지지는 십천간 중 목, 금, 화, 수의 4행과 결합매개자 토기의 결합으로 보았다. 그중에 자子, 묘卯, 오午, 유酉처럼 결합자 없이 순수한 본기로만 이루어진 지지도 있다.(다수 의견은 午를 丁화 + 己토로 보고 있는데 旺地의 순수기란 측면에서 보자면 기토의 결합은 억지스러운 면이 있다.)

지지의 결합은 삼재 원리에 따라 이루어지고 그중 主氣에 따라 대표적인 오행 속성을 가지게 되며, 그 주기가 양간이냐 음간이냐에 따라 지지 자신의 양, 음도 결정된다.

따라서 대표 오행이 목, 화, 금, 수 4행에 음양하여 8종류의 지지와, 토기는 우주의 4대 힘을 매개하므로 4종류로 분류하여 모두 12개의 지지로 분류하였으며, 이를 12지지라 명명하였다. 특이한 것은 천간의 오행기가 모여 지지를 생성할 때, 양간은 양간끼리 모이고 음간은 음간끼리 모여서 결합하여 지장간을 구성한다는 것이다. 다만 결합자 토기 중 진辰과 술戌은 예외적으로 주기主氣인 양간과 여기餘氣인 음간의 결합으로 분류하여 놓았는데 강력한 4대 힘을 매개하기 위해 다른 기의 조력이 더 필요하다고 보았는지도 모르겠다. 12지지의 자세한 분류와 내용은 다음과 같다.

도표 6 **12지지와 지장간**

代表 五行	12지지 地支	지장간地藏干		
		主氣	餘氣	結合子
木氣	寅	甲	丙	戊
	卯	乙		순수 기
金氣	申	庚	壬	戊
	酉	辛		순수 기
火氣	巳	丙	庚	戊
	午	丁		己/순수기
水氣	亥	壬	甲	戊
	子	癸		순수 기
土氣	辰	戊	乙/癸	주기 결합자
	戌	戊	酉/丁	주기 결합자
	丑	己	癸/酉	주기 결합자
	未	己	丁/乙	주기 결합자

십천간을 양간과 음간으로 분류하듯이, 12지지도 양과 음으로 분류하는데, 특이한 것은 천간과 지지를 조합하여 간

지를 구성할 때 巳와 亥는 지장간이 양의 천간으로 구성되어 陽支이지만 음의 지지로 분류하고 午와 子는 지장간이 음의 천간으로 구성되어 陰支이지만 양의 지지로 분류한다는 것이다. 그 이유는 체와 용의 개념을 사용해서 설명하기는 하나 조금 억지스럽다. 이 또한 명리학의 연구 과제로 남겨 두기로 하자.

따라서, **陽의 地支**는 寅 申 午 子 辰 戌 이고 **陰의 地支**는 卯 酉 巳 亥 丑 未 로 분류된다. 이 양, 음의 분류가 중요한 것은 암흑물질 즉 12지지에 다른 십천간의 파동이 덧씌워져 물질 즉 구체적인 기파를 생성할 때, 양의 천간은 양의 지지와 결합하고 음의 천간은 음의 지지와 결합하여야 하는 배타성 규칙 때문이다.

암흑물질의 덩어리들은 다시 십천간의 세례를 받게 되면 비로소 구체적인 물질이나 존재자가 되는데, 12개의 지지에 10개의 천간이 결합되면 조합 수가 120가지가 나올 텐데(이는 원소 주기율표상의 원소가 100여 개가 넘는 상황과 더 부합하지 않을까 싶지만) 위에서 설명한 양의 천간+양의 지지, 음의 천간+음의 지지 결합 법칙에 따라 60개의 조합 수가 결정되며 이를 '60干支'라고 명명하였다.

십천간의 순서는 목, 화, 토, 금, 수의 오행의 상생 작용을 따라서 갑을 병정 무기 경신 임계의 순으로 진행하고, 12지지는 수, 목, 화, 금의 4행의 상생작용을 따르고 지지이므로 결합자인 토기를 사이 사이에 끼워 넣어서 (해)자, 축, 인, 묘, 진, 사, 오, 미, 신, 유, 술, 해의 순으로 진행하도록 하였다.

4행, 5행 논쟁 중 주요 공방처 중 하나가 4행의 상생 작용도에서 화생금火生金의 문제였던 것이다. 4행파에서는 금화교역金火交易의 논리를 내세웠고, 오행파에서는 火剋金이니 토를 중간에 끼워 화생토 토생금으로 해결하려 하였다.[15] 이 논쟁 또한 향후 명리학의 연구 과제가 되어야 할 것이다.

오행의 상생작용이 끊임없이 순환하듯이 60간지 또한 반복 순환되어 나간다. 십천간의 첫째인 甲과 12지지의 첫째인 子가 결합하여 甲子가 되고, 천간 두 번째 乙과 지지 두 번째 丑이 결합히여 乙丑이 되며…. 친긴 마지막 癸와 지지 마지막 亥가 결합하여 계해가 됨으로써 60간지의 한 순배가 마감되고, 다시 처음인 갑자부터 순환 반복되어 나간다. 그래서 60간지를 또 60갑자라 부르기도 한다. 그 정확한 시작은 알 수 없지만 고대의 현인들이 어떤 특정 년도의 오행기를 간지로 나타낸 이후 오늘날까지 매年을 60간지로 표시하여 내려왔다. 또 년의 간지의 천간을 년간年干, 지지를 년지年支라고 부른다.

현인들은 매月의 오행 기도 간지로 표시해 왔는데, 일 년 열두 달을 12지지로 상징하였다. 시대에 따라 그 첫 달이 亥月이거나 子月이거나 丑月이거나 등 변화가 더러 있었지만,

---

15) 김상연, 이명훈, 장필순, 《음양오행, 별과 그림자 그리고 다섯 원소》, (와이겔리, 2021)

1월의 시작을 입춘을 기점으로 하고 寅月로 정한 것이 가장 최근이다. 그래서 2월은 卯月 3월은 辰月 이런 식으로 마지막 12월은 丑月로 삼았던 것이다. 일 년 열두 달은 항상 1월 인월에서 시작하여 12월 축월로 끝나게 되어 있는 것이다. 이는 지구가 태양을 한 바퀴 공전하는 시간을 1년으로 규정하고 이를 12개월로 균분하였기 때문에 12개월과 12지지를 일대일로 연결하는 데 큰 무리는 없다. 그리고 이를 월지 月支라고 부른다.

하지만 月支에 붙는 천간 즉 月干은 매년에 따른 오행 기의 변화에 영향을 받기 때문에 년도에 따라 매번 달라질 것일 텐데, 현인들은 다음과 같이 파악 정리하였다.

도표 7 월간 정하는 법

年干	1월 寅月의 月干
甲과 己	甲
乙과 庚	丙
丙과 辛	戊
丁과 壬	庚
戊와 癸	壬

1월 인월의 월간이 양간만 오는 것은 60간지법에서 寅이 양의 지지이기 때문이다. 구체적인 적용 예를 들면 2022년은 壬寅年인데 年干이 壬이다. 그러면 1월 즉 인월의 월간은 위의 도표에서 庚이 되므로 임인년의 1월은 庚寅月이 되는

것이다. 그리고 순서대로 2월은 辛卯월 3월은 壬辰월 4월은 癸巳월 5월은 다시 甲이 와서 甲午월, 6월은 乙未월···. 마지막 辛丑월로 마감되는 것이다.

 하루의 시간은 24시간제가 도입되기 전에는 12시간제였다. 子時는 밤 11시에서 새벽 1시까지 2시간에 해당하는 오행의 기를 나타내는데, 24시간제로 바뀌면서 자시가 0시를 기점으로 어제의 마지막 1시간과 오늘의 첫 1시간으로 나뉘게 되었다. 전자를 야자시夜子時(밤 11시~0시), 후자를 조자시早子時(0시~1시)라 구분하여 실제로는 13시간제가 되는 셈이다. 이렇게 구분하는 것은 0시를 기점으로 하루의 간지 즉 일간과 일지가 달라지기 때문이다. 예를 들어 어제가 병오일이고 오늘이 정미일이라면, 야자시의 日柱 즉 日干과 日支는 병오가 되고, 조자시는 그 일주가 정미로 같은 자시라도 일주가 달라지기 때문이다. 그러나 명리학에서 한 해의 시작을 1월 1일이 아니라 입춘으로 규정하고 있듯이, 하루의 시작을 야자시부터 잡는다면 굳이 하루를 13개 단위로 나눌 필요가 없지 않을까 생각한다. 이 또한 명리학의 과제로 삼고 연구하고 협의해 볼 필요성이 있다고 생각된다.

 월간이 년간의 영향을 받듯이 시간時干 또한 일간의 영향을 받게 마련이다. 시간도 월간과 마찬가지의 규칙(년간-월간 도표7 참조)이 적용된다. 즉 일간이 병 또는 신이라면 시간時干은 戊로 시작하므로 戊子時로 출발하게 되는 것이다.

어떻게 보면 끊임없이 순환되는 것은 일주라고 할 것이다. 일주는 어떤 규칙성이 있는 것이 아니고 만세력, 일력을 찾아서 순환되어 오는 기록을 확인하는 수밖에 없다. 그런 면에서 정말 근원적인 변화는 매일 일어나는 기 흐름의 변화일 것이며, 월과 년의 변화는 매일의 변화를 월 단위, 년 단위로 묶어서 평균법이나 추세분석 등의 기법으로 나타나는 대표치일 것이다. 그러므로 출생 시간의 오행을 부호화하는 데 있어서 가장 중요한 오행 기의 주체는 日柱(일간, 일지)로 보는 것이 타당한 일면도 있다. 그래서 자평명리子平命理에서는 日柱를 중요시하여 주체로 삼고 일간을 나의 정신, 일지를 나의 몸 뿌리 혹은 나의 반려자로 상징하고 있는 것이다.

또한, 오늘의 나는 어제 그제의 나와 내일모레의 나와 다르다. 시계열적時系列的으로 대략 한 달 동안 누적된 기의 흐름은 나의 주요한 시간적 공간적 환경이 된다. 이를 월지月地라고 하는데 월지의 중요성은 일주에 버금간다고 말할 수 있겠다. 그래서 명리학에서는 고래로 월지를 사주 분석의 중심으로 삼았던 것이다.

이런 방식으로 현인들은 년, 월, 일, 시의 시간과 공간을 지배하는 오행기五行氣를 부호화해 내는 데 성공하였다. 그 기원에 대한 기록은 없지만 아마도 수많은 세월 동안 수많은 현인들의 생각과 손을 거쳐서 완성되었을 것이다. 아인슈타인의 상대성이론에서 밝혀지지만 사실 시간이란 그 대상과 주체가 처한 시공時空의 상징적 표현이라 볼 수 있다. 시공은 그 속에 어떤 특정 오행기들을 품고 있는데, 현인들은 그 오행기의 흐름을 관조하고 특정하여 부호화해 냈던 것이며, 그것이 60간지 체계이다.

예를 들어, 2022년 12월 22일 22시에 태어난 남자아이가 있다고 가정해 보자. 우리는 과거 현인들의 검증 작업 덕분에 이 아이가 출생 시 품고 태어난 오행기五行氣의 상태를 다음과 같이 년, 월, 일, 시의 60간지로 나타낼 수 있게 되었다.

도표 8 출생 년, 월, 일, 시의 60간지 표기

시주時柱	일주日柱	월주月柱	년주年柱	
乙	己	壬	壬	천간天干
亥	酉	子	寅	지지地支

따라서, 우리는 이 아이가 임인, 임자, 기유, 을해의 오행기를 품고 태어났다고 진단할 수 있는 것이다. 단순한 출생 년, 월, 일, 시의 정보만을 통해서 이 아이의 탄생에 관여한 오행기와 뒷장에서 설명하는 그의 평생에 걸쳐 찾아드는 대운大運 즉 오행기의 평생 흐름까지 파악할 수 있게 되는 것은 전적으로 현인들이 구축한 60간지 시스템 덕분이다.

이상에서 현인들이 고안한 60간지 시스템과 이를 활용하여 개인의 출생 시간을 표기하며 출생 당시의 오행 기의 대표적 영향을 상징해 내는 부호화 과정을 살펴보았다. 이는 개인의 운명의 변화를 해독하고 예측하는 첫걸음이 되는 것이며, 용어와 개념 등 입문 지식을 뺀다면 사실상 명리학의 첫 영역인 것이다.

2. 류운流運과 오행

위에서 개인의 출생 시간을 오행의 60간지로 부호화하여 출생 시 관여하는 오행 기의 영향을 파악할 수 있음을 알았다. 그리고 개인은 살아가면서 환경의 영향 즉 근원적으로 암흑에너지 암흑물질의 오행 기로부터 작용하는 영향을 끊임없이 받을 것이라는 것은 너무나 당연한 추론이다. 그 환경의 영향에는 모두가 공통적으로 맞이하는 영향이 있을 것이고, 그 개인의 특성에서 기인하여 그에게만 고유하게 작용하는 것도 있을 것이다.

명리학의 현인들은 이 오행 기의 환경적 영향을 파악하여 부호화하였는데, 그것을 류운체계流運體系라 한다. 당사자에게만 고유하게 작용하는 영향을 '대운大運'이라 하고, 모두에게 공통으로 적용되는 영향을 '세운歲運'이라 하였다. 물론 모두에게 공통적으로 적용되는 세운이라 하더라도, 당사자의 성향과 역량에 따라 그 성질이나 강도가 달리 구체화되는 것은 당연할 것이고 이를 세밀하게 표현해 낼 수 있다는 것이 명리학이 다른 어떠한 예측 도구들보다 월등한 점일 것이다.

류운체계는 대운과 세운을 포함한 개념이지만 따로 대운만 지칭할 수도 있다. 세운은 지구가 천체에서 물리적으로 위치하는 년월일시의 시공時空(아인슈타인 상대성 원리에 따라 시간과 공간은 별개가 아닌 한 세트이기 때문에 시간을 말하면 거기엔 이미 공간에 대한 기본 틀이 가정되어 있는 것이다)의 간지를 말한다.

대운은 본인으로부터 발생하는 환경 내 오행 기의 변화이다. 본인에게 가장 큰 영향을 미치는 월주로부터 기인하는 기의 후속 변화 규칙을 관찰함으로써 향후 나는 대략 어떠한 환경에 속에서 살아가겠구나 추론할 수 있는 정보를 얻을 수 있다. 명리학의 현인들은 크게는 매 10년 단위로 변화하는 것으로 보았고, 본인 사주의 일간과 년간 그리고 남녀의 경우 분석을 통해 월주로부터 추산해 나가는 방법을 고안하였다.

명리학의 현인들이 고안한 대운법大運法에는 10년 단위의 간지변화법과 시작하는 나이를 결정하는 대운수大運數가 있다. 그런데, 우리는 왜 대운법이 출현한 것인지 고민해 볼 필요성이 있다. 우주의 오행기를 받아서 태어나고 살아가면서 외부 환경 즉 세운歲運 오행기의 영향을 받고 수용해 가는 것은 지극히 당연하다. 그런데 왜 자체적인 또 하나의 오행기의 흐름이 필요한지 그것도 원래의 부여받은 오행기의 로직에서 파생되어 나온 대운의 흐름이 왜 필요한 것인가?

필자의 생각에는, 우주에서 입자와 물질의 생성은 정말 특수한 사건이다. 하물며 생명의 탄생은 더욱 그러할 것이다. 암흑에너지가 영겁의 세월을 움직여 암흑물질을 만들고, 암흑물질이 움직여 물질이 태어나는데, 이 물질은 완전히 독립적인 것이 아니라 그 역시 그를 만들어 낸 우주의 한 부분을 통해 우주와 끊임없이 교류할 것이라는 것은 자명한 이치일 것이다.

이처럼 오행기가 억겁의 세월을 움직여 지지를 이루고, 지지가 다시 천간과 결합하고, 그 간지의 기둥들이 모여서 개체가 태어나면, 그 개체 또한 태어난 태반과 같은 오행기의 늪을 통해 우주와 교류할 것은 역시 자명한 이치일 것이다. 그리고 그 태반 또한 무한 고정되어 있는 것이 아니라 어느 정도 주기에 따라 바뀌어 나가리라는 것도 쉽게 추측할 수 있다. 태반은 생명체가 살아가는 데 가장 우선적이고 직접적인 환경일 것이며 생명체를 우주의 격랑 속에서 어느 정도 보호하는 역할도 할 것임은 또한 쉽게 추측할 수 있다. 아마도 현인들은 이것을 대운이라 보았을지 않을까 여겨진다. 대운이 마치 태반과 같다고 보았기에 월주月柱에서 시작하는 것일 것이다.

그러면 대운수大運數는? 비유하자면 아기가 어미젖을 뗄 때 어떤 아기는 빨리 또 어떤 아기는 늦게 떼는 것처럼, 태반과 같은 환경도 바뀌는 시기의 이름과 늦음이 있을 것이라는 것도 당연한 추론이다. 절기와 절기 사이의 날짜로 대운수大運數를 계산하는 방법을 고안한 현인들의 지혜에 감복하지 않을 수 없다.

3. 사주四柱 배열법

출생 시간의 간지와 류운流運 중 대운의 간지 변화를 합하여 사주四柱 원국原局이라 한다. 출생 시간 간지는 년을 표시하는 년주(년간+년지)와 월주, 일주, 시주의 4주로 이루어져 있고 이를 명반命盤(명을 기록해 놓은 판)이라 하고, 대운의 흐름은 운반運盤(운의 흐름을 기록해 놓은 판)이라 한다.

사주의 배열은 우에서 좌로 배열하는 것이 전통적인 방법이며 한국 명리계에서도 이를 채택하고 있다. 그러나 현대 중국에서는 좌에서 우로 배열하는 것을 원칙으로 하고 있다. 사주 원국 혹은 줄여서 사주라고 하고, 또 사주팔자라고도 부르는데, 출생과 동시에 우주의 기의 바다에서 부여받고 태어나는 낙인과 같은 것이다.

도표 9 사주 原局의 구성과 배열 예시(명반+운반)

시주時柱	일주日柱	월주月柱	년주年柱	명반
乙	己	壬	壬	命盤
亥	酉	子	寅	

85	75	65	55	45	35	25	15	5세	大運數	운반
辛	庚	己	戊	丁	丙	乙	甲	癸	大運	運盤
酉	申	未	午	巳	辰	卯	寅	丑		

    자신과 환경 변화에 대한 정보를 갖고 살아가는 것과, 아닌 것의 차이점과 그 결과에 대해서는 굳이 설명할 필요조차 없을 것이다. 동양의 현인들이 수천 년에 걸쳐 이룩해 놓은 정보 체계가 있는데 이를 굳이 무시하며 멀리할 필요는 없을 것이다. 그리고 수많은 명리학자와 명리가들이 지금도 그 정보체계를 고도화시키기 위하여 불철주야 노력하고 있음에 최소한 참고할 가치는 있을 것이다.

    홍범구주 제7주 계의에서도 점을 통해 정보를 구하고자 할 때 세 곳 정도는 물어보라고 하였다. 한 곳에만 올인하여 편향된 정보에 의존하는 것도 좋지 않지만, 너무 자신만 옳다고 주장하여 다른 좋은 정보체계를 마다할 이유 또한 없는 것이다. 결국 세상은 자기가 살아가는 것, 주체적인 심지를 굳건히 하여 생존과 성공의 기회를 넓혀 갈 수 있는 길을 다방면으로 모색하는 게 좋지 않나 생각한다. 그중에 명리학도 한길이 될 수 있다고 생각한다, 명리학은 동양 신비와 지혜의 정수이며 수천 년에 걸쳐 갈고 다듬어져 오면서 헤아릴 수 없이 많은 임상 경험이 축적되어 있기 때문이다.

4.
역경易經과 간지干支시스템

　출생 시간과 같은 시계열적 정보가 아닌 경우에도 그에 관여하는 오행의 기를 부호화해 낼 수 있을까? 어떤 사건事件에 대한 미래를 예측하는 대표적인 것이 역점易占인데, 역점은 사건에 대해 질문하고 괘를 뽑아서 괘의 의미를 해독하여 그 사건의 운명을 묘사하고 예측하는 법술이다.
　역점이 가정하고 있는 것은 사건에 대해 질문하고 괘를 뽑아내는 과정에서 그 사건에 관련된 하늘의 감응(명리학에서는 오행의 기라 하지만)이 작동하여 상징체계의 형식으로 질문에 대한 답을 내려 주는데 그를 잘 해독해 내는 사람들이 사제司祭이고 이를 기록 보존하는 이가 유인儒人들이었던 것이다. 아마 더 고대에는 하늘이나 귀신과 직접적으로 접신하는 보다 직접적이면서 복잡한 방법들을 사용하여 하늘과 귀신의 감응을 이끌어 내는 수단들을 동원하였을 것이다.
　그러던 중, 오행의 기를 깨우친 현인들이 나타나서 이러한 복잡다단한 방법보다는 보다 쉬운 방법으로 더 확실하게 그에 상응하는 효과를 거둘 수 있는 여러 방안을 고안해 내었을 것이다. 그래서 이를 쉽게 점치는 법이라 하여 역점易占

즉 '쉽게 치는 점'이라 칭했을 것이다. 따라서 역점의 '易'은 '변화'라는 의미보다는 '쉽다'라는 의미가 본질에 더 가까울 것으로 추측된다. 그리고 역서易書는 "쉽게 풀어 쓴 역점 해설서" 정도로 이해하면 좋을 것이다. 최근 도올 김용옥 선생이 그의 저서 '주역 강해'에서 '역경의 본질로서 점서占書' 주장도 이와 일맥상통하다 하겠다.

역경易經은 주 왕조의 개국으로 인문의 시대가 열리면서 점을 치는 점서占書라는 핵심 본질은 상실하고 남은 형식을 우상화한 책이라 볼 수 있지 않을까 생각된다. 오죽했으면 다산 정약용 선생께서 주역을 그토록 연구하시고 방대한 주역 해설서인 주역사전周易四箋(1808년)을 쓰셨어도 당신은 결코 역점을 치지 않았다고 선언하셨을까? 그러나 공자의 세례를 거치고 수많은 후학들이 심혈을 기울여 이루어 놓은 위대한 인문학적 업적은 존중받아야 마땅하고 원래가 점서라는 이유로 그 성과가 홀대받아서도 결코 안 될 것이다.

하지만 주역周易의 괘사 효사를 아무리 탐독하고 이치를 궁규窮糾해도 역경의 본질과 핵심이 점서라는 것을 부인한다면 부질없는 공염불과 같다는 것은 유념해 봄 직하다. 괘사 효사는 사제司祭와 유인儒人, 명리술사들 간의 음양과 오행의 기를 핵심으로 하는 암호 체계인데 어찌 암호 풀이를 모르면서 이를 해석해 낼 수 있단 말인가? 암호문을 아무리 인문학적 대각大覺으로 풀어놓았다 해도 막연하여 알 수 없는 그저 가슴 뭉클한 인문 철학서일 따름인 것이다. 김용옥 선생의 주역은 점서占書이니 점이라는 본질로 돌아가라는 호통을 새겨들을 필요가 있다.[16]

주역의 역점은 주지하듯이 어떤 사건에 대한 질문을 구성하고 괘를 던져 하늘의 감응이 깃든 상징체계를 얻어 해독한 후 그 질문에 대한 상황 묘사나 미래의 예측을 구하는 것이다. 질문을 부호화한 후 이 부호를 해독하고 이를 묘사하고 예측해 내는 과정은 명리학의 과정과 유사하다. 아마도 은, 주 왕조 교체기에 주역의 암호 시스템은 유실된 듯하다. 만일 이 실전된 암호시스템에 대한 어떤 단초를 발견한다면 우리는 위대한 인문서가 아닌 예측학으로서의 주역에 좀 더 접근할 수 있을 것이다. 즉, 괘사와 효사를 얻어 놓고 이를 다시 해석하고 암호 풀이하려 드는 우를 범하지 않아도 된다는 것이다.

주역서는 인문 철학서로 그 자체로 충분히 훌륭한 고전임은 틀림없다. 하지만 점서로서의 그 원래의 기능을 회복할 수 없는 것일까? 육효점에서 주역서 해독의 단서를 발견할 수 있을 것 같아 보이나 좀 더 연구를 해 봐야 할 부분이다. 하지만 다른 각도에서 들여다보면 어떤 방법을 찾을 수 있지 않을까? 뭘 모를 땐 상위의 개념을 적용하면 풀리듯, 동양의 최고 상승 공부功夫인 음양과 오행 사상 체계를 적용

---

16) 도올(김용옥), 《도올주역강해》, (통나무, 2022)

하면 주역서를 풀 수 있는 단서를 구할 수 있지 않을까?

어떤 사건에 대한 질문을 던지고 뽑혀 나온 괘를 오행기 즉 60간지로 전환하여 부호화할 수 있다면, 음양오행 체계를 핵심으로 하는 명리학의 틀 속에서 그 사건의 운명을 묘사하고 예측할 수 있을 것이고 주역서는 점서로서의 원래 공능을 되찾을 수 있게 될 것이다.

관건은 64괘를 여하히 60간지로 전환할 수 있느냐의 문제인 것이며 다음과 같이 그 추론을 더듬어 나가고자 한다.

추론1 고대 현인들이 오행과 팔괘의 관계를 이미 규명해 놓았다.

도표 10 팔괘와 오행과 간지

八卦	☰ 乾	☱ 兌	☲ 離	☳ 震	☴ 巽	☵ 坎	☶ 艮	☷ 坤
五行	金		火	木		水	土	
天干	庚	辛	丙/丁	甲	乙	壬/癸	戊	己
地支	申	酉	午/巳	寅	卯	子/亥	辰/戌	丑/未

- 팔괘와 오행의 관계에서, 건乾과 태兌가 金의 속성을, 리離가 火, 진震과 손巽이 木, 감坎이 水, 간艮과 곤坤이 土의 속성을 가진다는 것은 잘 알려져 있는 사실이다.(후천팔괘도)
- 포박자抱朴子 등 도교 서적과 전통 풍속 중에 수경신守庚申이라는 신앙이 있는데, 간지가 庚申이 되는 날에는 하늘이 개

통되어 땅과 연결이 되는데, 사람이 자고 있는 사이에 우리 몸속에 있는 삼시충三尸蟲이 하늘에 올라가 우리의 잘못을 고하여 우리의 수명이 단축되므로 이를 막기 위해 경신일 밤에는 잠을 자지 않는 풍속을 말한다. 경신 간지에 하늘이 다 열린다는 점에 주의를 기울이면 우리는 경신일이 중천건重天乾괘를 의미함을 알 수 있다. 즉 乾卦가 天干에서는 庚이고 地支에서는 申이라는 것을 알 수 있다.

그리고 금기의 건/태, 목기의 진/손, 토기의 간/곤은 양/음 관계이므로 태는 천간에서 신辛, 지지에서 유酉가 되며 이런 식으로 하여 위의 도표가 성립되게 된다.

추론2 64괘는 8괘를 상하로 배열하는데, 상괘를 천간, 하괘를 지지로 보기로 약속하자. 그러면 우리는 위 도표를 통해 너무나 쉽게 64괘를 간지로 부호화할 수 있게 된다.

예를 들어, 화천대유火天大有괘는 상괘가 離괘, 하괘가 乾괘인데. 상괘에는 천간을 대응시키고 하괘에는 지지를 대응시키며, 양천간-양지지, 음천간-음지지의 규칙을 준수한다. 그러면, 상괘 리괘는 10천간 중 丙 또는 丁이고, 하괘 건괘는 申이므로 양-양 규칙에 따라 상괘 리괘는 丙으로 확정되어 결국 화천대유괘는 '丙申'이 되는 것이다. 그리하여 명리학의 간지론干支論으로 丙申을 해독하면 화천대유괘는 너무나 쉽고 분명하게 풀이해 낼 수 있게 된다.

이와 같이 하여 우리는 64괘 시스템과 60간지 시스템을 자유로이 드나들 수 있게 되는 문을 찾게 된 셈이고, 주역을 명리학의 해독체계에 따라 해독할 수 있게 되며, 점서 즉 예측학으로서의 주역의 제 면모를 찾아갈 수 있게 될 것이다.

5.
명리학의 해독체계解讀體系

 어떤 주체나 대상을 잘 만들어진 수리 모형과 같이 부호화하고 나면, 능숙한 수학자들처럼 이 부호들을 조작하고 해석해 내는 일이 따른다. 이 과정을 루즈지가 그러했듯이 해독 과정解讀過程이라고 불러도 좋을 것이다.

 해독을 위해서는 많은 이론들과 도구들이 필요할 것이고 또 수학과 물리의 개념과 이론, 실험방법들이 진보하듯이 명리학 해독에 필요한 이론 체계와 수단체계 또한 시대와 더불어 변화해 왔고 또 앞으로 변화해 갈 것임은 지극히 당연하다.

 프리초프 카프라는 "동양의 신비는 물리학의 발달과 더불어 실험과 수학적 이론으로 입증되어 오고 있다."라고 갈파한 바 있다.[17] 이는 바꾸어 말하면, 명리학의 상당 부분을 물리와 수학으로 입증할 수 있으며 또 명리학의 시대적 발전사를 물리학의 발전사와 대비하여 설명하는 것이 가능할 수 있을지도 모른다.

 물리학의 발전사는 논자에 따라 다양한 시대 구분을 할 수 있겠지만, 비교적 보편적인 정설을 따르면, 뉴턴 역학 시대,

---
17) 프리초프 카프라, 《현대 물리학과 동양사상》, 김용정, 이성범 옮김, (범양사, 2010)

아인슈타인 상대성 원리 시대, 양자물리 시대로 구분할 수 있을 것이다. 토마스 쿤은 그의 저서 《과학혁명의 구조》에서 과학의 발전사를 한 시대를 풍미했던 패러다임의 전환에서 비롯되는 분절적分節的 혁명에 따른 시대 구분으로 설명한다. **절대계적** 패러다임하의 뉴턴 역학 시대, 상대적 관계를 패러다임으로 누천년에 걸친 인류의 절대계적 시각과 관념을 혁신시켜 버린 아인슈타인 **상대성** 원리 시대, 리처드 파인만의 지적처럼 아직도 전모를 이해하고 있지는 못하지만 분명히 절대 역학과 상대성 원리를 뛰어넘는 뭔가의 혁신이 여전히 지속되고 있으며 뭔가 **확률론적**인, 양자물리 시대로 구분할 수 있겠다.

한 분야에서의 발전은 그 시대적 사회 전반에 알게 모르게 영향을 미친다. 전혀 별개로 독자적으로 발전하여 온 것 같지만, 탈레스의 4원소설과 고대 동양의 4행론과 프라초프 카프라의 깨달음처럼 동서양 간 교류는 알 수 없는 차원과 경로를 거쳐서 있어 왔다.

명리학의 발전 단계 또한 뉴턴 역학 시대와 같이 절대계 패러다임하에서 발전하던 시절이 있었고, 아인슈타인 상대성 원리 시대처럼 상대성 관계망 속에서 운명을 관조하던 시절도 있었다. 현대 명리학의 주류는 여전히 이 두 패러다임 속에 있지만 뭔가 변화를 갈망하는 시도들이 여기저기서 솟아나고 있는 단계에 있다.

그래서 나는 이러한 시대적 단계들을 명리학의 고법 시대 古法時代, 금법 시대今法時代, 신법 모색 시대新法摸索時代로 구분하고자 한다. 고법 시대와 금법 시대의 시대 구분은 이미 천여 년 전부터 널리 이루어지고 있던 구분이다. 그 시대들의 패러다임과 구축된 체계들의 내용은 너무나 보편적이라 더 이상 설명할 필요조차 없을 정도이다. 하지만 이 책에서 새롭게 시도하는 "신법 명리학 탐색"을 위하여 일종의 도움닫기 차원에서, 고법과 금법 시대를 간략히 요약 설명하고 핫이슈라 여겨지는 것은 중점적으로 언급해 두기로 하겠다.

3장

고법 시대古法時代
— 고전 역학 시대古典力學時代

은殷 왕조의 멸망으로 지고지순한 오행의 도가 무너져 내렸다. 신전神殿의 사제司祭들은 도륙을 당하거나 저마다 뿔뿔이 흩어져 도망쳤다. 집요한 추적자들을 피하여 깊은 산속이나 민가의 미로 같은 골목 속으로 숨어들었다. 몇이나 살아남았을까? 유인儒人들은 인문의 도를 기치로 하는 새 지배자들과 결탁함으로써 겨우 살아남았다. 먼 후일 공자孔子라는 걸출한 후예가 나타나기 전까지 굴욕의 삶을 살아갈 운명인 것이다.

도는 사라지고 법은 정기를 잃은 지 오래다. 공자에 의해 부흥한 유학에 의해 더욱 박해를 받은 것이 사무치게 아프다. 살아남은 사제의 후예들은 택일擇日의 술법으로 호구지책을 삼는 한편 잃어버린 五行의 道와 法을 되살리기 위해 백방으로 노력하였다. 조금씩 빛이 보이기 시작한다. 이 시기가 고법 시대古法時代이다.

고법 시대의 특징은 뉴턴 역학 시대와 비슷하다. 운동의 초기 조건을 알면 운동의 궤적과 종착지를 정확히 예측해 낼 수 있다는 절대적 믿음이 있다. 고려해야 할 변수도 몇 가지 되지 않는다. 변수와 예측치 간에는 블랙박스처럼 알 수는 없지만 그 어떤 절대적 상관관계가 있다고 믿는 것이다.

특정 간지와 특정 간지의 출현과 만남은 반드시 특정 현상을 불러일으킨다는 상관관계를 발견하고 나름 검증하고 정리한 것이 신살 체계이다. 명리가命理家의 수만큼이나 많은 신살들이 있다는 말도 있다.

  자연 현상의 규율을 발견하고 그 속에 깃든 오행의 법칙을 초보적으로 깨우치고 활용하기 시작하게 되는데 이를 초보적 오행 체계라 한다. 거대한 오행의 신비를 잃어버렸기 때문에 어쩔 수 없다. 처음부터 하나하나 쌓아 올려야 한다.

  오행 간의 충돌과 상합이 현상과 미래에 작용함을 발견하고 오랜 기간 적용하고 검증하며 구축한 것이 형충회합 체계이다.

  명리학의 근간을 이루는 것은 10천간 12지지의 부호 체계이고 이 부호 체계의 핵심은 "양간陽干과 음지陰支는 그리고 음간陰干과 양지陽支는 결합할 수 없다."는 배타싱排他性 원리原理이다. 이해할 수 없는 원리이다. 하지만 그 위에 명리 예측학이란 광대무변의 구조물이 지어져 있는 것이다. 이를 설명하고자 하는 몸부림의 과정이 공망 체계空亡體系이다. 맞든 안 맞든 실용적이든 그렇지 않든 불문하고 명리학이 안고 가야 할 과제이다.

  고법 시대의 결정판인 납음오행納音五行 체계가 완성되어 본격적인 체계적 해독解讀/간명看命 활동이 이루어지기 시작하는데, 납음오행 체계는 곧 명리학 해독 체계의 고전적古典的 모형模型의 완성이다.

1. 신살 체계神煞體系

신살神煞이 언제부터 유래되었는지는 불확실하다. 다만 한漢 왕조漢王朝 시대의 택일법擇日法과 당사주唐四柱의 록명법祿命法에 기반을 두고 발전해 온 것은 사실인 것 같다. 택일법과 록명법이 **오행五行**에 이론적 근거를 두고 있는 만큼 신살 체계 또한 고래로부터 자연 발생적으로 형성된 미신적 요소가 다소 섞여 있음에도 불구하고 고법 시대의 이론 체계 중 하나로 분류하는 것이 타당하다고 본다.

고법古法에서는 주로 년간年干과 년지年支에서 출발하여 각 주柱의 지지地支를 대비시켜 신살을 발견하고 검증하며 발전시켰다. 신살 체계의 장점은 뉴턴 역학처럼 명쾌하고 확정적이며, 사람들에게 이해시키기 쉽고 또 그 효과가 즉각적이라는 점에서 명리가와 무속에서 널리 사용되어 왔다. 그런 만큼 검증 데이터는 더욱 풍성하고 탄탄해졌다. 그러자 명리가와 무속인들은 더욱 활발하게 신살 체계를 사용하게 되었으며 사실상 고법 명리학의 정수요 핵심으로 자리 잡게 되었다.

도표 11 년간(일간)에서 각 지지를 본 신살

	甲	乙	丙	丁	戊	己	庚	辛	壬	癸
建祿	寅	卯	巳	午	巳	午	申	酉	亥	子
干與支同	寅	卯	午	巳	辰/戌	丑/未	申	酉	子	亥
羊刃煞	卯	辰	午	未	午	未	酉	戌	子	丑
陰刃煞		寅		巳		巳		申		亥
天乙貴人	丑未	子申	亥酉	亥酉	丑未	子申	丑未	午寅	巳卯	巳卯
文昌貴人	巳	午	申	酉	申	酉	亥	子	寅	卯
官鬼學館	巳	巳	申	申	申/亥	申/亥	寅	寅	寅	寅
文曲貴人	亥	子	寅	卯	寅	卯	巳	午	申	酉
學堂貴人	辰	未	戌	丑	辰				戌	丑
紅艶煞	午	午	寅	未	辰	辰	戌	酉	子	申
魁罡	辰戌		辰戌		辰戌		辰戌		辰戌	
白虎	辰	未	戌	丑	辰				戌	丑
淫慾煞	寅	卯		未	戌	未	申	酉		丑
天廚貴人	巳	午	巳	午	申	酉	亥	子	寅	卯
梟神煞	子	亥	寅	卯	午	巳	辰戌	丑未	申	酉
金輿	辰	巳	未	申	未	申	戌	亥	丑	寅

도표 12 년지(일지)에서 각 지지를 본 신살

	子	丑	寅	卯	辰	巳	午	未	申	酉	戌	亥
孤身煞(乾)	寅	寅	巳	巳	巳	申	申	申	亥	亥	亥	寅
寡宿살(坤)	戌	戌	丑	丑	丑	辰	辰	辰	未	未	未	戌
元嗔煞	未	午	酉	申	亥	戌	丑	子	卯	寅	巳	辰
鬼門煞	酉	午	未	申	亥	戌	丑	寅	卯	子	巳	辰
十惡大敗	酉	戌	亥	子	丑	寅	卯	辰	巳	午	未	申
喪門	寅	卯	辰	巳	午	未	申	酉	戌	亥	子	丑
弔客	戌	亥	子	丑	寅	卯	辰	巳	午	未	申	酉
三煞方位	南	東	北	西	南	東	北	西	南	東	北	西
天煞方位	西南	東南	東北	西北	西南	東南	東北	西北	西南	東南	東北	西北
月煞方位	西北	西南	東南	東北	西北	西南	東南	東北	西北	西南	東南	東北
攀鞍煞方位	東北	西北	西南	東南	東北	西北	西南	東南	東北	西北	西南	東南
華蓋方位	東南	東北	西北	西南	東南	東北	西北	西南	東南	東北	西北	西南
大將軍方位	西	西	北	北	北	東	東	東	南	南	南	西
囚獄煞/災煞	午	卯	子	酉	午	卯	子	酉	午	卯	子	酉
急刻煞	辰丑	辰子	亥子	亥子	亥子	卯未	卯未	卯未	寅戌	寅戌	寅戌	辰丑
隔角煞	寅	卯	辰	巳	午	未	申	酉	戌	亥	子	丑

도표 13 월지에서 본 천간/지지

月支	子	丑	寅	卯	辰	巳	午	未	申	酉	戌	亥
月德貴人	壬	庚	丙	甲	壬	庚	丙	甲	壬	庚	丙	甲
天德貴人	丁	申	壬	辛	亥	甲	癸	寅	丙	乙	巳	庚
天醫星	亥	子	丑	寅	卯	辰	巳	午	未	辛	酉	戌

   신살 체계는 그 편리성과 효과성으로 금법今法 시대에 들어와서도 지속 애용되어 왔는데, 금법 시대에 들어 일간日干 위주로 사주 체계가 바뀌자 일日의 간지干支에서 출발하는 신살이 추가되어 신살의 종류는 더욱더 늘어나 수백 종류에 이르게 되었다.

   신살의 난립은 분명 바람직한 현상은 아닐 것이다. 그리고 신살을 빙자하여 혹세무민하는 경향도 차단되어야 함도 마땅하다. 이런 취지에서 명리학계 내에서 세월의 흐름에 따라 무분별하게 양산되어 온 신살을 재정리하고 신살을 다루는 규범을 마련하는 자정自淨 노력이 필요하다 하겠다.

2.
오행五行과 오행 작용五行作用에 대한 기본적 이해

1) 오행에 대한 기본적 이해

　오행이란 결국 만상만물의 근원인 기파, 에너지파, 곧 파동波動을 가리키는데, 현대 물리학에서는 수많은 소립자와 백여 종류의 기본 입자와 달리 파동波動은 본질적으로는 하나라고 파악하고 있다.(프리즘을 통과시키면 수많은 파동체들이 파악되나 파장과 주파수의 물리적 장단 차이에 불과하고 오행기파들 간의 근본적 상이함과는 구별된다.) 그러나 오행론에서는 오행을 서로 다른 성질의 파동체 즉 木, 火, 土, 金, 水의 5종류로 분류하고 그 각각에 나름 서로 다른 속성을 부여하고 있다.
　즉 목은 시작을, 화는 확산, 금은 수렴, 수는 보존, 토는 매개와 융합의 본원적 성질을 가진 것으로 보고 있는 것이다. 파동이나 에너지파가 겉으로 보기에는 다 똑같은 것 같지만 생生, 왕旺, 렴斂, 고庫, 개介의 다른 기능을 하는 파동들로 세분되고 이 다양한 파동들이 이합집산을 하면서 우주 만물이 생生, 로老, 병病, 사死의 사이클을 운행하고 있다고 파악하고 있는 것이다.

이러한 개념은 황제내경을 비롯한 의학서, 명리학의 물상론, 일간론, 12운성/12신살 체계 등에서 널리 활용되고 발전되어 왔는데, 자세한 내용은 관련 서적 참고를 권유하고자 한다.

2) 오행 작용五行作用에 대한 기본적 이해

오행 간에는 서로 생하고 서로 극하는, 변하지 않는 관계가 있다는 믿음으로 오늘날까지 이어져 내려오는 전통적 사상이다.

- 전통적 오행 상생상극작용

相生作用: 木生火, 火生土, 土生金, 金生水, 水生木
相剋作用: 木剋土, 土克水, 水克火, 火克金, 金克木

- 정역正易과 오행 극극생極剋生작용

정역正易은 구한말 一夫 김항 선생이 복희의 선천역先天易, 주공의 후천역後天易을 극복하는 이론으로 창안한 易學 체계인데, 오행의 상극작용이 극極에 이르면 오히려 상생작용으로 전환된다는 개념이 한 축을 이루고 있다.

- 목極剋生토, 토極剋生수, 수極剋生화, 화極剋生금, 금極剋生목

이는 금화교역의 개념과 유사하며, 극이란 곧 생을 위한 또 다른 길이라는 4행론과 그 개념을 같이한다고 볼 수 있겠다.

(1) 왕상휴수사旺相休囚死: 오행의 순환적 작용
오행이 시공의 변화에 따라 그 상태와 에너지의 정도가 변해 간다는 개념인데, 전통적 개념은 다음과 같다.

도표 14 **時空과 五行作用**

時空/五行	木	火	土	金	水
봄春	旺	相	死	囚	休
여름夏	休	旺	相	死	囚
가을秋	死	囚	休	旺	相
겨울冬	相	死	囚	休	旺
換節期	囚	休	旺	相	死

여기서 왕旺은 자기 계절(목-봄, 화-여름, 금-가을, 수-겨울, 토-환절기)을 나타내고, 사死는 극을 받는 관계 (금/가을剋목, 목/봄剋토, 토/환절기剋수, 수/겨울剋화, 화/여름剋금), 수囚는 극을 하는 관계(목剋토/환절기, 토剋수/겨울, 수剋화/여름, 화剋금/가을, 금剋목/봄), 상相은 생을 받는 관

계(수/겨울生목, 목/봄生화, 화/여름生토, 토/환절기生금, 금/가을生수), 휴休는 내가 생을 하는 관계(목生화/여름, 화生토/환절기, 토生금/가을, 금生수/겨울, 수生목/봄)를 나타낸다.

이 개념은 나중에 금법今法 명리학의 정수인 10성론으로 발전하게 되는데, 旺은 비겁, 死는 관성, 囚는 재성, 相은 인성, 休는 식상 개념으로 발전하게 된다.

(2) 생조설극모生助泄剋耗

오행의 상생상극 작용에는 그 대가가 수반된다는 개념이다. 생을 할 때는 기운이 낭비되는 것은 자연스러운 현상이다. 내가 남을 극할 때, 당하는 자만 피해를 입는 것이 아니라 나의 힘도 상당히 소모되기 마련이다. 내가 남의 도움을 받는다는 것은 그에 상응하는 만큼 남의 희생이 동반되었다는 것을 의미한다.

이것을 나를 중심으로 정리하면,

- 나의 기운이 증가됨: 내가 生, 助를 받는 경우 (생, 조)
- 나의 기운이 희생됨: 내가 타자를 생 즉 내가 설기함 (泄)
  내가 극을 받는 경우와 (剋)
  내가 타자를 극함 즉 나의 기운이 소모됨 (耗)

이 또한 금법 명리학에서 10성론으로 통합되는데, 내가 생, 조를 받는 경우를 인성과 비견, 내가 타자를 생하고 내가 설기함은 食傷, 내가 극을 받는 경우를 官星, 내가 극하고 소모되는 현상을 財星이라는 개념으로 통합되었던 것이다. 또한 금법 명리학의 강약론強弱論, 병약론病藥論의 근거가 되기도 한다.

3.
12운성 체계運星體系와 12신살 체계神煞體系

　12운성과 12신살이 언제부터 명리학에 들어왔었는지 정확히 알 수는 없다. 문헌상으로는 고법 시대에 널리 사용된 것으로 보인다. 각 주柱를 통으로 보고 납음 오행으로 해독하던 시대라 천간과 지지간의 배합 정보가 특히 필요했을 것이다. 신법 시대에 와서는《연해자평》,《적천수》,《난강망》등 명리학 고전들에서 빠짐없이 소개는 하고 있으나 그 내용이 그저 그런 소개 정도에 그치고 있는 것을 보면 전하여 내려오는 도중 중요 내용이 실전되었거나 혹은 그 중요성이 상대적으로 저하되었던 것은 아닌가 추측된다.
　12운성은 생生, 목욕浴, 관대帶, 건록綠, 제왕旺, 쇠衰, 병病, 사死, 묘墓, 절絶, 태胎, 양養의 운명파동곡선運命波動曲線을, 12신살은 지살地煞, 년살年煞, 월살月煞, 망신살亡身煞, 장성살將星煞, 반안살攀鞍煞, 역마살驛馬煞, 육해살六害煞, 화개살華蓋煞, 겁살刧煞, 재살災煞, 천살天煞의 운명파동곡선運命波動曲線을 가리키고 있는데, 현재 처해 있는 시공 즉 특정 지지地支에서의 '오행기'의 상황을 나타내는 개념이라 할 수 있다.

이는 사실 오행기의 왕상휴수사 개념의 연장이며 각 지지 별로 세분화한 개념이라고 할 수 있다. 예를 들면 목기는 겨울철 해자(축)에서 相하고 봄철 인묘(진)에서 旺하며 여름철 사오(미)에서 休하고 가을철 신유(술)에서 死한다. 그리고 환절기(축, 진, 미, 술)에서 수囚한다. 이 생왕사의 개념을 세분화하여, 相의 단계는 생生, 목욕浴, 관대帶로 旺의 단계는 건록祿, 제왕旺, 쇠衰로 休의 단계는 병病, 사死, 묘墓로 死의 단계로 절絶, 태胎, 양養을 매칭시킨 것이다.

고법 시대에서는 통일된 견해는 아니었지만 주로 년주를 나로 간주하였으므로(물론 금법 시대에서는 일주를 나로 간주) 년간年干과 각 지지地支 간의 특수한 관계를 묘사하기 위해 현인들이 고안해 내었던 법칙이었을 것이다.

12운성이 구체적으로 어떠한 관계를 묘사하는 것인지, 이렇게 관계를 묘사하는 목적이 무엇인지는 명리 고전에서도 모호하고 불투명하다. 심지어 12운성의 포태법胞胎法에 대해서도 양생음사陽生陰死, 음양동생동사陰陽同生同死 등 몇 번의 엎치락뒤치락이 있기까지 하였고 현재까지도 그 논쟁이 이어져 내려오고 있는 실정이다.

여기서는 그 구체적 논쟁에 대한 설명은 생략하기로 하겠다. 다만 필자는 청나라 초《명리약언命理約言》을 저술한 진소암陳素庵 선생의 음양동생동사론陰陽同生同死論을 취하고자 한다. 그 이유는 갑과 을이 木이라는 한 파동의 양의 부분과 음의 부분을 각각 지칭하는 것은 아니기 때문이다. 갑과 을이 양과 음의 개념이 아니라, 뒷장 '오행과 입자물리학'에서 따로 설명하겠지만, 갑과 을은 목이라는 오행기가 암흑물질이나 물질로 구체화될 때 같은 목이지만 서로 다르게 작용되는 스핀(Spin) 개념으로 보기 때문이다.

도표 15 **12운성 대비표**

五行	木	火	金	水土同色	
				水	土
地支/年干	甲乙	丙丁	庚辛	壬癸	戊己
子	浴	胎	死	旺	
丑	帶	養	墓	衰	
寅	祿	生	絶	病	
卯	旺	浴	胎	死	
辰	衰	帶	養	墓	
巳	病	祿	生	絶	
午	死	旺	浴	胎	
未	墓	衰	帶	養	
申	絶	病	祿	生	
酉	胎	死	旺	浴	
戌	養	墓	衰	帶	
亥	生	絶	病	祿	

· 水土同色을 취하는 이유에 대해서는 앞 장에서 설명한 바 있다.

도표 16 | 12운성 운명파동곡선

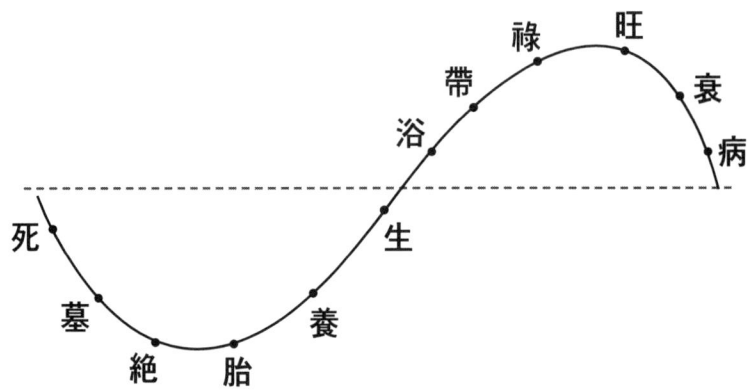

　12신살은 12운성과 달리 **년지年支**와 각 지지地支 간의 어떤 관계를 묘사하고자 하는 것이다. 흔히들 천간을 용用, 지지를 체體로 묘사하곤 하는데, 12신살은 주체인 년주의 체가 각 지지에서 처한 어떤 오행기의 상태를 묘사하고자 하는 것이라 볼 수 있다.
　12신살은 년지가 寅이냐 卯냐의 음양 여부를 보지 않고, 어느 삼합국三合局에 속하느냐를 본다. 삼합의 오행과 각 지지 간의 관계로 인식한다는 것이다. 이런 견지에서 보면, 12운성에서 천간의 음양을 구별하여 양생음사로 보는 것이야말로 논리적 일관성이 결여된다고 볼 수 있겠다.

도표 17 12신살 대비표

三合 五行 地支/年支	火 寅 午 戌	水 申 子 辰	金 巳 酉 丑	木 亥 卯 未
子	災煞	將星煞	六害煞	年煞
丑	天煞	攀鞍煞	華蓋煞	月煞
寅	地煞	驛馬煞	劫煞	亡身煞
卯	年煞	六害煞	災煞	將星煞
辰	月煞	華蓋煞	天煞	攀鞍煞
巳	亡身煞	劫煞	地煞	驛馬煞
午	將星煞	災煞	年煞	六害煞
未	攀鞍煞	天煞	月煞	華蓋煞
申	驛馬煞	地煞	亡身煞	劫煞
酉	六害煞	年煞	將星煞	災煞
戌	華蓋煞	月煞	攀鞍煞	天煞
亥	劫煞	亡身煞	驛馬煞	地煞

도표 18 12신살 운명파동곡선

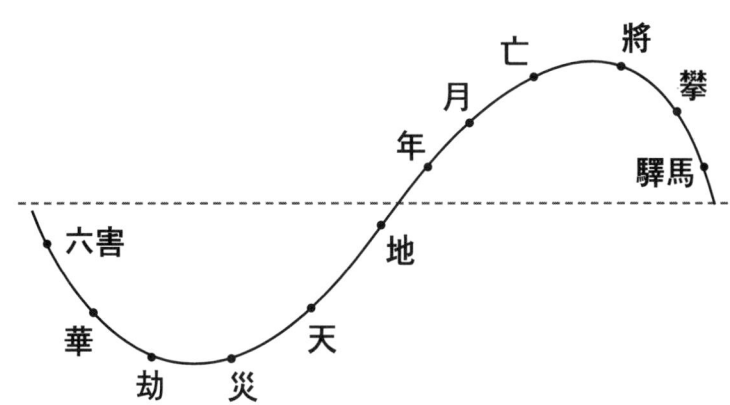

12신살도 12운성과 마찬가지로 오행기의 왕상휴수사 개념의 연장이라 볼 수 있다. 예를 들면 해묘미 木局은 해자축 水方에서 相이고, 인묘진 木方에서 旺하며, 사오미 火方에서 休하고, 신유술 金方에서 死한다. 따라서 지살, 년살, 월살의 힘의 정도는 相(12운성: 생, 욕, 대)에 해당하고 망신살, 장성살, 반안살은 旺(12운성: 록, 왕, 쇠), 역마살, 육해살, 화개살은 休(12운성: 병,사,묘), 겁살, 재살, 천살은 死(12운성: 절, 태, 양)의 단계에 해당한다고 볼 수 있겠다.

안태옥 선생의 경험칙에 따른, "12신살은 주체에게 도래한 운의 시기時期적 암시를 의미하는 체운體運이고, 12운성은 그 시기 속에서 주체가 현실적으로 실행하는 용운用運으로서의 관계를 도출한 것이다. 따라서 양자를 개별적으로 보기보다는 동시에 포괄적으로 적용하는 것이 간명의 정확도를 높이는 데 훨씬 도움이 된다."라는 견해가[18] 일리가 있다고 생각한다.

즉, 12신살은 각 지지에 이르렀을 때 주체에게 닥쳐오는, 주어지는 운명의 상태, 운의 분위기를 묘사한 것이고, 12운성은 그 시기의 운에서 주체가 능동적으로 운용할 수 있는 일종의 에너지나 기의 정도 혹은 바이오리듬을 나타낸다고 볼 수 있다.

예를 들어 년주(고법) 혹은 일주(금법)가 甲午일때 지지 寅

---

18) 안태옥,《신살 명리학》, (좋은땅, 2017)

을 만나면(년지/일지인 오화가 인목을 만났으므로) 12신살은 지살地煞이고 12운성은 갑이 인을 만나서 건록祿이다. 이를 간명하자면, 운은 나쁘지 않은 정도지만 일을 추진하는 바이오리듬은 왕성하니 일을 적극 추진하는 게 좋겠다고 간명할 수 있을 것이다.(물론 다른 간지 관계도 고려해야 하겠지만.)

또 다른 예로 壬子가 지지 巳를 만난다면, 12신살은 겁살劫煞이고 12운성은 절絶에 해당한다. 이는 운도 최악이고 생체 에너지도 바닥이므로 일을 벌이지 말고 아예 휴식기를 가지는 게 좋겠다고 간명할 수 있을 것이다.

이 12운싱과 12신실 세계는 근묘화실根苗花實적 개념으로 사주 원국에 직접 적용할 수도 있고, 대운이나 세운이 들어올 때 같이 적용할 수도 있을 것이다. 류운에 적용할 때는 류운의 천간 지지 전체를 지지가 대표하는 것으로 간주하는 것이 좋다는 견해가 다수다.

4. 형충회합刑冲會合 체계體系

형충회합 체계의 유래由來에 대하여 정확히 알려진 것은 없지만, 간명할 때 없어서는 안 될 정도로 널리 사용되고 있으며 그 내용 또한 비교적 충실하고 구체적이며 잘 알려진 개념이다. 아마도 고래로부터 현인들이 신살의 발견과 검증처럼 여러 가지 오행의 상생상극 작용 관계를 시도하고 검증하는 과정에서 점차 법칙으로 굳어져 왔을 것으로 추정된다.

天干合

오행의 상생상극 작용으로만 설명하기에는 애매하여 조금은 유치한 비유를 들어 설명할 수밖에 없는 부분도 있다. 예를 들면, "天干의 合"이 그것인데, 을경합乙庚合은 목과 금이 상극 관계인데, 목의 누이동생을 금에게 시집을 보내어 화합을 도모한다고 설명한다. 아주 억지 같지만 이렇게라도 설명할 수밖에 없었던 현인들의 고충은 이해가 된다.

天干合: 甲己合 土, 乙庚合 金, 丙辛合 水, 丁壬合 木, 戊癸合 火.

현인들의 이러한 궁여지책은 **"4행의 순수 상생 작용"**에 대한 뿌리 깊은 터부 때문에 발생하는 현상이다. 목과 금은 본시 하나의 태극에서 갈라져 나와 만물을 생성하고 윤택하게 하며 휴식을 취하게 하여 생기를 더욱 돋우는 상호 협력 활동을 해 오던 터였다. "만인의 투쟁 관계와 불가피한 지배 구조"라는 도식을 주입시키기 위해 굳이 오행을 만들어 상극 작용을 도입시키다 보니 논리적 일관성을 위하여 목과 금을 상생시켜야 하는 이런 무리수가 발생하는 것이다. 하지만 자연적으로 목과 금은 협력하는 사이가 본질이므로 이렇게 을경합이라는 개념을 도입하여 그 숨통을 트고자 한 것인지도 모른다. 이런 견지에서 보면 천간합의 개념은 상고上古 시대로 거슬러 올라가 그 연원을 추정할 수도 있겠다.

　위의 천간합에서 갑기합과 무계합은 토를 끼워 넣음에 따른 다소 억지스러운 합의 개념으로 봐도 좋지 않을까 생각된다. 그리고 "을경합 금"은 을과 경이 합하여 금이 된다는 개념보다는 금이 왔을 때 을과 경이 합하는 조건이 형성된다고 보는 게 타당할 것이다. 실제로 천간의 합이 쉽게 되는 게 아니라 어떤 특수 조건, 즉 을경합의 경우 月슈이 金일 때라야 합이 성립된다고 보는 설이 많다. 또 대운 세운의 지지로 금이 왔을 때 을경합이 성립된다고 해석하는 견해도 있다.

　"병신합 수"와 "정임합 목"도 동일한 원리로 해석하면 될 것이다. 즉, 월령이나 류운의 지지가 수일 때 병신합이 성립하고, 월령이나 류운의 지지가 목이 올 때 정임합이 성립한다고 볼 수 있을 것이다. 갑기합과 무계합은 그 유래가 구색 맞추기식의 작위적인 느낌이 있어 좀 더 정밀한 연구 과제로 두는 게 좋지 않을까 생각된다.

합의 효과效果는, 예를들면 "丙辛合化 水"라 하여 특정 조건에서 병과 신이 합기하여 마치 백색과 흑색이 합하여 회색으로 변하듯이 색다른 水로 작용한다는 것이 통설이다. 그러나 이것은 합을 종세從勢와 유사하게 보는 개념인데, 합이란 자신의 특성 발휘 플러스 특수 조건이 마련되면 둘 간의 시너지 효과까지도 일으킨다는 긍정적 의미로 해석하는 것이 오행 논리상보다 합당하다고 생각된다. 즉 월령 혹은 류운 수의 작용으로 합의 조건이 성립되었을 때 천간인 丙과 辛의 능력이 더욱 활성화되어 병과 신 각자 자신의 능력 발휘뿐만 아니라 그 둘 간의 시너지 효과로 수의 능력 효과도 사주에 추가되는 것으로 해석하는 것이 타당할 것이다.

冲의 문제

지지의 충冲에는 "子午충, 丑未충, 寅申충, 卯酉충, 辰戌충, 巳亥충"의 6가지가 있는데, 이는 오행의 상극관계에서 발생하는 것으로 당연한 논리적 귀결이라 할 수 있을 것이다. 같은 오행 土간의 충인 축미충과 진술충은 구색 맞추기식의 작위적인 느낌이 나긴 하나 지장간 간의 금목 상극, 수화 상극관계로 해석할 여지도 있다.

이렇게 상극 관계를 굳이 충으로 별도의 개념을 정립한 것은 충冲을 극剋과는 다른 개념으로 봤다는 것일 수도 있다. 그래서 천간 간의 극을 충이라고 부르지 않는 것이 통설인 것도 이런 이유에서일 것이다. 추정컨대 극은 상극으로 서로 간에 영향을 주는 관계이다. 내가 남을 극剋하면 필연적으로 나의 소모消耗가 동반된다. 그러나 인간 세상이 꼭 그러한가? 일방적인 갑을 관계가 있기 마련이다. 현인들은 그런 일방적인 영향 관계를 묘사할 필요성에서 충이란 개념을 도입한 것인지도 모른다.

충의 효과에 대해서는 오랜 세월 워낙 많은 검증 사례가 보고되고 있어서 이론異論의 여지가 별로 없다. 충을 어떤 경고나 각성 혹은 실행 조건의 충족으로 해석하는 설도 있으나 말 그대로의 충돌로 보는 것이 타당할 경우가 더 많은 것 같다.

즉 극에는 극을 하는 자와 극을 당하는 자의 양 당사자가 있으며, 이는 극을 당하는 자만 피해를 입는 일방적인 관계가 아니라 극을 하는 측도 어느 정도 피해를 감수해야 하는 쌍방적 관계이다. 명리학에서는 극을 하는 자가 극으로 인해 반사적으로 받는 피해를 "모耗"라고 한다. 극의 피해 정도를 100으로 봤을 때 모의 피해 정도는 경우에 따라 대략

60~80 정도로 본다. 극을 실행한다는 것이 결코 만만하지 않다는 것이다. 여담으로 生하는 자 또한 상당한 진통을 겪게 마련인데 이를 명리학 용어로 설기泄氣 또는 그냥 설泄이라고 한다. 그리고 친구처럼 돕는 관계가 있는데 이를 조助라 하는데 후술하겠지만 십성론의 비견比肩과 유사한 개념이다. 또 내가 남으로부터 생을 받는 관계를 인수印綬라 한다. 그리고 비견과 인수도 빚을 지면 언젠가 갚아야 하는 상호 관계이다.

현인들은 이러한 생조설극모生助泄剋耗의 상궤 관계를 벗어난 관계 즉 일방적인 관계를 특별히 충이라는 개념으로 묘사하였던 것 같다. 일방 관계는 행사하는 자와 당하는 자로 구분되게 마련이다.

冲을 행사함	冲을 당함
子	午
申	寅
酉	卯
亥	巳
丑	未
辰	戌

충은 당하는 측에서 보면 일대 사건이므로 류운流運으로 들어오는 경우만을 상정하고, 사주 원국 내의 소위 충 관계는 극-모 관계로 해석하는 것이 보다 합당하다고 본다.

한편 충은 일대 사건인데 단순한 조우만으로 발생할까? 천간합과 마찬가지로 그 어떤 조건의 성숙이나 배경 상황 등이 전제되었을 때 발생하는 것이 아닌가 생각해 본다. 이에 대한 명확한 설이나 이론은 물론 아직 없다. 사주 원국에 기존의 충 관계 즉 극-모 관계가 있을 때 류운으로 들어오면 충이 발생하는 조건이 성숙되는 것은 아닐까 생각해 본다.

충의 효과에 대해서는 오랜 세월 워낙 많은 검증 사례가 보고되고 있어서 이론異論의 여지가 별로 없다. 다만 고법 명리학에서 충冲, 합合이 기계론적으로 전가의 보도처럼 사용되는 경향이 있는데, 그 적용에 있어서 좀 더 신중함을 기할 필요는 있을 것이다.

地支合

지지합에는 "子丑合(化) 土, 寅亥合(化) 木, 卯戌合(化) 火, 辰酉合(化) 金, 巳申合(化) 水, 午未合(化) 火/土"의 6가지가 있다. 이 또한 천간합의 경우처럼 월령이나 류운으로 化하게 될 오행이 들어올 때 특수 조건이 성숙된다고 보는 것이 합리적일 것이다. 예를 들어 자와 축이 사주 원국에 있고 월령이 토이거나 류운으로 토가 들어올 때 자와 축이 합하여 각자도 활성화되고 시너지 효과로 토의 효과가 배가되는 것으로 해석하는 것이 좋지 않을까 생각한다.

하지만 전반적으로 지지합은 석명하지 못한 감이 있어서 좀 더 연구할 필요성이 있다 하겠다.

三合과 三會

자연계에서 수소 원자만이 양성자와 전자의 두 원소로 구성되어 있고, 그 외 모든 입자는 양성자-중성자-전자의 삼원소를 기본 구성 원소로 한다. 동양의 현자들이 천지 만물을 天, 地, 人 삼재三才로 파악한 것은 단순한 우연은 아니었다고 본다. 그리고 명리학의 삼합과 삼회는 이 삼재 원리에 기본을 두었을 것이다.

어떤 목적을 가지고 합하였든, 단순히 모였든 간에 삼재가 구성되면 뭔가 시너지 효과가 난다고 보았던 것이다. 그런 면에서 반합半合과 반회半會는 가능성의 차원 정도로만 봐야지 어떤 효과를 부여해서는 안 될 것이다.

그리고 삼합, 삼회 이론에 와서야 비로소 토의 진정한 역할이 나타난다. 자연계에서 매개자 없이 뭉치거나 결합되기 어렵다고 보고, 진술축미라는 오행 토를 매개자로 도입하였다. 후술하겠지만, 실제로 자연에서도 보손(BOSON)이라는 매개자를 통하여 입자 간의 결합이 이루어진다.

三會: 寅卯辰 木幫, 巳午未 火幫, 申酉戌 金幫, 亥子丑 水幫
三合: 寅午戌 火局, 巳酉丑 金局, 申子辰 水局, 亥卯未 木局

 삼회三會는 같은 오행의 양간, 음간과 매개자 토의 결합으로 당연히 동일한 오행의 속성을 가진다. 예를 들면, '사화+오화+매개자 미토=화'인데 중첩 효과로 더욱 강대해진 火幫, 화의 무리가 되는 것이다. 삼합三合은 생-왕-묘(매개자 토)의 결합으로 당연히 旺기를 가지게 되며 시너지 효과로 그 기운은 더욱 강대해진다. 예를 들면, 申금-子수-매개자 辰토의 결합으로 申금은 자수를 생하여 수 기운이 더욱 강맹해지는 것이다.
 삼합과 삼회는 그룹이 결성되는 것인 만큼 사주 원국에서 형성되었을 경우 단순한 쌍방간 합과는 달리 그 해당하는 오행기로 해독해 주어야 한다. 반합이나 반회의 상태에서 류운으로 들어와 결성되는 경우에도 그 류운의 유효 기간 만큼은 해당하는 오행기로 해독해 주어야 한다.

刑

 형刑 또한 작위성이 강하고 논리적 근거가 희박하여, 현인들 간에도 많은 이의가 제기되어 왔다. 청대淸代의 임철초 선생은 적천수징의滴天髓徵義에서 형刑의 존재를 부정하고 의미 없는 것으로 보았다. 필자도 이에 동의한다.

그러나 실증명리학에서 의외로 널리 사용되고 있고 축적된 간명 데이터도 풍부한 만큼 명리학의 과제로 삼고 연구해 볼 만한 가치가 있다 하겠다.

5.
공망空亡 체계體系

  공망空亡이 왜 명리학 내에 존재해 왔는지 별 의문을 품지 않는 사람들이 많다. 심지어 공망은 오행의 생극제화 작용을 근본으로 하는 명리학의 원류에서 발생한 것이 아니고 복서나 육효를 보는 수단으로 활용되었기 때문에 명리학에서 축출해야 한다는 명리가들도 있다.[19]

  이는 공망이라는 개념이 탄생하게 된 배경을 모르는 데서 나온 소치이다. 공망은 명리학의 출발선인 부호 체계의 결함을 보정하고자 하는 시도에서 파생된 개념으로 보인다. 부호 시스템에서 10천간 12지지의 간지 조합은 120가지가 되어야 하는데 '양-음 배타성'(양干-양支 결합, 음간-음지 결합)을 설정함으로써 그 종류가 60가지로 제한되어 60갑자가 만들어지게 된 것이다.

  이 "양-음 배타성 원리"는 고대 현인들의 우주에 대한 깊은 관조에서 나왔을 것으로 추정되는데, 양자물리학의 핵심이랄 수 있는 "파울리(Pauli) 배타성 원리"의 원조 격이라 할 수 있다. 파울리 배타성 원리는 입자의 SPIN이라는 개념의 발견을 통하여 해결할 수 있게 되었지만, 고대의 현인들

---

[19] 안태옥,《신살 명리학》, (좋은땅, 2017), p.176

에겐 마땅한 방법이 없었을 것이다. 그러다 어찌어찌 해결책으로 탄생한 것이 남는 지지 2개를 공망 처리해 버리자는 개념이다.

공망은 12지지중 10천간과 매칭되지 않는 두 지지를 매칭된 10개 1조 간지의 공망으로 삼는다. 따라서, 아래와 같이 戌亥, 申酉, 午未, 辰巳, 寅卯, 子丑의 6종 12가지 공망이 있게 된다. 이는 다시 오행 공망으로 묶을 수 있다. 공망 또한 '나' 주체를 기준으로 함은 물론이다.

도표 19 공망 조견표

		甲子組	甲戌組	甲申組	甲午組	甲辰組	甲寅組
天干	甲	子	戌	申	午	辰	寅
	乙	丑	亥	酉	未	巳	卯
	丙	寅	子	戌	申	午	辰
	丁	卯	丑	亥	酉	未	巳
	戊	辰	寅	子	戌	申	午
	己	巳	卯	丑	亥	酉	未
	庚	午	辰	寅	子	戌	申
	辛	未	巳	卯	丑	亥	酉
	壬	申	午	辰	寅	子	戌
	癸	酉	未	巳	卯	丑	亥
空亡	地支空亡	戌亥	申酉	午未	辰巳	寅卯	子丑
	五行空亡	-	金	火	土	木	水

예를 들면, 일주가 辛卯라면 甲申조이므로 지지 공망은 午未가 되고 오행공망은 火공망이 된다. 화는 일간 신금에게 관성이므로 또한 관성 공망이 되기도 한다.

세월의 흐름에 따라 수많은 공망의 효과들이 경험칙으로 발견되고 검증되어 왔다. 신살과 마찬가지로 그 모든 것을 여기에서 다 소개할 수 없지만 학學의 적용과 응용으로써 술術의 영역이 존중받기에 충분할 만큼 엄연히 고유 영역으로서 존재하고 있는 것이다. 그 검증치들은 빅 데이터(Big Data)로서 보존되고 계승될 가치가 있다 하겠다.

6.
납음오행納音五行 체계體系

　명리학은 송宋 왕조 때 서거이徐居易(子平)에 의해 자평명리子平命理가 출현하면서 고법 시대古法時代와 금법 시대今法時代로 나뉘게 된다. 시대를 구분할 정도로 뚜렷한 특징은 자평명리에서 일간중심론日干中心論을 도입한 것과 납음오행納音五行을 철폐한 것이다. 일간 중심론을 도입하여 일간日干 중심으로 사주를 시스템적으로 해독하고자 한 것은 상당히 타당한 근거가 있다. 그러나 납음오행을 복잡하고 무용하다는 이유로 없애 버린 것은 그다지 납득이 되지 않는다. 그 후 현대 명리에 이르도록 납음오행은 명리 서적의 명리 역사 편에서 구색용으로 언급될 뿐, 이를 상세히 설명하거나 활용하는 명리가나 유파는 거의 없는 실정이다. 납음오행의 개념, 원리, 적용은《명리학의 이해 1》에 상세히 설명되어[20] 있으므로 참고 바라며, 여기서는 왜 자평명리가 납음오행을 철폐했는가를 살펴보려 한다.
　납음오행은 사주의 각 기둥을 한 통으로 보는 개념이다. 갑자甲子를 통으로 '바닷속의 금 海中金', 병인丙寅은 '화로 속의 화 爐中火'로 보는 것이다. 이는 천간과 지지를 묶어서

---
20) 루즈지,《명리학의 이해 1》, 김연재 역, (사회평론, 2018), pp.304-358

통으로 파악한다는 것을 의미한다. 그러니 사주팔자四柱八字가 아니라 그냥 四柱인 것이다. 분석 해독의 수단이 너무 작아진다. 후에 자평명리에서 육신론, 십성론 등의 화려한 적용과 그 애드립들과 비교해 본다면 확연히 느낄 것이다. 그리고 납음오행은 배우기도 그 오의를 깨닫기도 너무 어렵다. 그래서 그 공백을 메우기 위해 신살론이 난무할 수밖에 없다. 이로 인해 더러는 혹세무민하는 경우도 나왔던 것 같다. 게다가 인구의 증가와 개인의 중요성이 점차 고양됨에 따라 명리에 대한 기본 수요가 늘어 가고 있다. 뭔가 자체 정화나 새로운 사조의 등장이 절실해져 가는 참이었던 것이다.

  자평명리의 등장은 이러한 시대적 배경을 끼고 있으며, 송대 성리학의 발전과 궤를 같이한다. 시대의 군상들이 미래에 대한 보다 건전한 예측술이나 예측학을 간절히 요구하고 있고, 사회의 주류인 유학儒學이 순수 인문주의를 극복하고자 소위 신비주의를 그 핵심에 받아들이면서 사상의 경계에 대한 사회적 관용도가 높아진 분위기 속에서 각종 예측술이 양지陽地로 승격되고 고도화되어 갔던 것이다.

  서자평은 고법 명리를 개혁하기 위해(물론 개혁을 해야겠다는 생각은 없었을 수도 있지만 어쨌든 결과적으로는) 가장 중요한 것이 한 통으로 묶인 천간과 지지를 분리할 수 있도록 하여 8자의 부호 각각에 존재와 의미를 부여함으로써 분석의 틀을 확대해야 한다고 생각하였던 것 같다. 그리고

8자가 제멋대로 움직이면 중구난방이 되므로 뭔가 중심은 있어야겠다 싶어서 일간을 그 중심으로 하고 명리의 주체인 나我를 일간에 귀속시켰던 것이다.

암흑에너지의 바다를 이루는 오행기가 결합하여 암흑물질이 되고, 지지인 암흑물질과 천간인 오행기가 다시 결합하여 입자를 생성한다는 견지에서 보자면, 천간과 지지를 분리한다는 개념은 상상도 하지 않았을 것이다. 그리고 천간의 오행과 지지의 다른 오행이 결합하였을 때의 대표 오행은 무엇인가에 대해서 고민하였을 것이다. 이에 대한 해답으로 고법 시대의 현인들은 납음오행 이론 체계를 고안해 내었을 것으로 보인다.

납음오행은 우주가 율려律呂로 이루어져 있고 율려에 의하여 다스려진다는 오제 시대五帝時代 이래의 사상에서 비롯된 것이다. 우주의 음은 오행의 고유 속성이 음으로 나타나는 "궁宮 상商 각角 치徵 우羽"라는 5대 음으로 구성되어 있고, 파동과 파동이 결합할 때 발생하는 우주음宇宙音 또한 이 5대 音 중의 하나로 나타날 것이며 이 음률을 파악하게 되면 결합되는 천간과 지지의 대표 오행기를 파악해 낼 수 있다는 것이다.

그리하여 다음과 같은 방법으로 60간지의 통으로 된 대표 오행을 모두 밝힐 수 있게 된다.

(1) 오행수五行數

五行數	3, 8	4, 9	2, 7	1, 6	5, 10
五行	木	金	火	水	土
五行納音數	3, 8	4, 9	1, 6	5, 10	2, 7

- 주지하듯이 木과 金은 페르미온(Fermion) 중 쿼크(quark)로 실체의 근간이므로 자연 상태에서, **목과 금만이 단독으로 음을 낼 수 있다**.
- 火와 水는 페르미온 중 렙톤(Lepton), 土는 보손(Boson)이므로 다른 오행에 의지하여만 음을 낼 수 있음을 주의해야 한다. 화는 수를 빌리고(화假수), 수는 토를 빌리고(수假토), 토는 화를 빌린다(토假화). 그래서 화의 오행납음수는 1, 6이 되고, 수의 오행납음수는 5, 10이 되며, 토의 오행납음수는 2, 7이 되는 것이다.

(2) 천간 지지의 배치표

干支納音數	9	8	7	6	5	4
天干	甲	乙	丙	丁	戊	
	己	庚	辛	壬	癸	
地支	子	丑	寅	卯	辰	巳
	午	未	申	酉	戌	亥

- 각 간지에 배정된 간지납음수는 위와 같다. 예를 들면, 을과 경의 간지납음수는 8, 자와 오의 간지납음수는 9를 부여한 것이다.

(3) 60간지의 납음수 및 납음

- 60간지를 순서대로 둘씩 쌍으로 묶어서 배열하고, 쌍의 간지 납음수를 더한 수의 일의 자릿수가 오행납음수가 된다.

갑자 을축   갑9+자9+을8+축8 = 34,
             오행납음수 4, 납음오행 금

병인 정묘   병7+인7+정6+묘6= 26,
             오행납음수 6, 납음오행 화

임신 계유   임6+신7+계5+유6 = 24,
             오행납음수 4, 납음오행 금

경진 신사   경8+진5+신7+사4 = 24,
             오행납음수 4, 납음오행 금

이를 표로 정리하면 다음과 같다.

도표 20-1 60갑자 납음표

		納音			納音
甲子	乙丑	海中金	丙寅	丁卯	爐中火
戊辰	己巳	大林木	庚午	辛未	路傍土
壬申	癸酉	劍鋒金	甲戌	乙亥	山頭火
丙子	丁丑	潤下水	戊寅	己卯	城頭土
庚辰	辛巳	白蠟金	壬午	癸未	楊柳木
甲申	乙酉	井泉水	丙戌	丁亥	屋上土
戊子	己丑	霹靂火	庚寅	辛卯	松柏木
壬辰	癸巳	長流水	甲午	乙未	沙中金
丙申	丁酉	山下火	戊戌	己亥	平地木
庚子	辛丑	壁上土	壬寅	癸卯	金箔金
甲辰	乙巳	覆燈火	丙午	丁未	天河水
戊申	己酉	大驛土	庚戌	辛亥	釵釧金
壬子	癸丑	桑拓木	甲寅	乙卯	大溪水
丙辰	丁巳	沙中土	戊午	己未	天上火
庚申	辛酉	石榴木	壬戌	癸亥	大海水

한편 위에서 갑자 을축의 상태에 12운성을 대입하면 의미 있는 사실을 알 수 있다. 갑자 을축의 오행은 모두 금인데, 금은 자에서 죽고(死), 축에서 묻힌다.(墓) 또 병인 정묘는 공히 화인데, 화는 인에서 생하고 묘에서 욕浴의 상태이다. 임신 계유는 공히 금이고, 금은 신에서 록祿, 유에서 왕旺하다. 이와 같이 60간지 **납음은 12운성과 같이 사용**할 수도 있다.

도표 20-2 납음 12운성표

納音五行	木	火	土	金	水
生	己亥	丙寅	戊申	辛巳	甲申
浴	壬子	丁卯	己酉	甲午	乙酉
帶	癸丑	甲辰	丙戌	乙未	壬戌
祿	庚寅	乙巳	丁亥	壬申	癸亥
旺	辛卯	戊午	庚子	癸酉	丙子
衰	戊辰	己未	辛丑	庚戌	丁丑
病	己巳	丙申	戊寅	辛亥	甲寅
死	壬午	丁酉	己卯	甲子	乙丑
墓	癸未	甲戌	丙辰	乙丑	壬辰
絶	庚申	乙亥	丁巳	壬寅	癸巳
胎	辛酉	戊子	庚午	癸卯	丙午
養	戊戌	己丑	辛未	庚辰	丁未

· 납음은 水土同色을 취한다

　암흑에너지의 바다를 이루는 오행기가 결합하여 암흑물질이 되고, 지지인 암흑물질과 천간인 오행기가 다시 결합하여 입자를 생성한다는 견지에서 보자면, 납음오행이론처럼 간지를 통으로 보는 것의 타당성이 더 높다 해도 하나 이상할 게 없을 정도이다. 그러나 또 한편으로 생각해 보면 입자의 강한 결합력도 중요하지만, 그 비중이 단지 5%일 뿐인데, 그 입자의 운명에 27%의 암흑물질과 68%의 암흑에너지가 무형적으로 상시 관여하고 있다고 보는 것도 일면 타당성이 있으므로 굳이 60간지를 통으로만 인식하는 데 고집할 필요도 없다 하겠다.

입자의 특성이 확실한 조건에서는 입자 운동방정식을, 파동의 조건에서는 파동방정식을 적용하듯이, 납음오행도 무시할 것이 아니라, 천간과 지지를 통으로 읽어야 할 국면에서는 납음오행 이론을 적용하여 쓰는 것도 좋을 것이다.

7.
고법古法 표준標準 모형模型

　명리학의 고법 시대의 결정판인 고전적 모형은 수당 시대 이허중李虛中의 명서命書, 옥조정진경玉照定眞經, 난대묘선蘭臺妙選 등에 잘 반영되어 있다. 그 기본 틀은 다음과 같다.

　(1) 해독의 출발점은 **년주年柱를 근간**으로 한다. 년주의 천간 즉 년간은 천원天元이라 하고 관록官祿에 대응시킨다. 년지는 지원地元이라 하며 재財를 대응시킨다. 년주의 납음은 인원人元이라 하며 신身에 대응시킨다. 관록은 부귀와 벼슬, 의복과 음식을 주관한다. 재는 빈부, 운의 움직임, 영고성쇠를 주관한다. 신은 재능과 식견, 용모, 도양 등을 주관한다.

　(2) 년주와 각 四柱를 대응시키며 해독하는데, 이때 나인 년주를 대신하여 胎柱를 넣어서 4주를 유지한다. 태는 임신 기간 10개월을 가정하여 출생 월로부터 구한다. 쉽게 구하자면, 월간에서 1칸 월지에서 3칸 전진 이동하여 구할 수 있다. 예를 들어 출생 월이 壬子월이라면 태월은 월간 임에

서 한 칸 이동하여 계, 월지 자에서 세 칸 이동하면 묘가 되어 癸卯월이 태월胎月, 태주胎柱가 된다.

(3) 해독의 기준

오행의 생조설극모가 중심 기준이 된다. 즉 년주가 生과 助를 받는 경우를 吉하다고 보며, 被剋, 耗, 泄하는 경우를 不吉하거나 凶으로 본다. 따라서 시주부터 년주까지 생, 조로 올라오는 경우를 대길로 보고, 반대로 년주에서 시주까지 설 모 극으로 내려가는 경우를 좋지 않게 본다.

이상을 반영하면 다음 도표와 같은 고전 모형을 구할 수 있다.

도표 21 고법 표준 모형 예

時柱	日柱	月柱	胎柱	年柱	
乙	己	壬	癸	壬	天元 官祿
亥	酉	子	卯	寅	地元 財富
山頭火	大驛土	桑拓木	金箔金	金箔金	人元 納音
孫,部下	兄弟,妻	父母	祖上	本人	宮/身

위 도표에서 시주의 납음오행은 화, 일주는 토, 월주는 목, 태주는 금이고 년주 我는 금이다. 시주에서부터 각 주와의 관계를 보면 화생토, 토(목) 생금, 금조금으로 대체로 吉한

사주라 볼 수 있다.

그리고 천원天元을 보면 태주와 월주의 천간인 계, 임은 년간 임을 조하므로 길하고, 일간 기토는 년간을 극하고, 시간 을목은 년간을 설하므로 흉하다고 진단할 수 있겠다. 따라서 관록은 초중년까진 괜찮으나 중년 이후 그다지 좋지 않다고 간명할 수 있다. 재부를 보는 지원을 살피면 일지 유금을 제외하면 년지 인목에 대한 생조 관계라 길하다고 진단할 수 있겠다.

4장

금법 시대今法時代
— 상대론 시대相對論時代

명리학의 시대 교체는 당송唐宋 왕조 교체기와 궤를 같이 한다. 생각해 보면, 오행체제의 몰락은 은주殷周 왕조 교체기였고, 명리학이 다시 초보적으로 시작한 것은 진한秦漢 왕조 교체기를 통해서이다. 새 왕조의 건국은 더 이상 몸에 맞지 않는 낡은 패러다임(Paradigm)을 허물고 대체 패러다임을 구축하는 과정에서 이루어진다. 그 흐름 속에서 사회의 사상과 체제, 개인의 사고와 행동들은 혁명적으로 변화되어 간다.

　은주殷周 왕조 교체기의 패러다임 변화는 신화시대神話時代를 마감한 인문 시대人文時代의 등장이었다. 프톨레마이오스(Ptolemaios)의 시대가 가고 코페르니쿠스(Copernicus)적 변혁의 시대가 온 것이다. 우주의 운명은 막연한 신성神性에서 사람들의 손안에 떨어졌다. 절대계 속에서 초깃값만 알면 미래를 알 수 있음을 확신한다. 이젠 두렵지 않다. 무엇이든지 할 수 있을 것 같다. 폭발적인 발전을 한다. 제자백가諸子百家의 시대가 열린 것이다. 서양에서도 코페르니쿠스적 전환과 함께 르네상스—인문부흥人文復興 시대가 활짝 열린 것은 우연이 아니라 필연의 소치이다.

　사람들의 **"어설픈 자신감"**은 투쟁과 전쟁을 불러오게 마련이다. 그 끝을 알 수 없는 기나긴 춘추 전국春秋戰國 시대, 5胡 16國의 시대가 펼쳐졌다. 물론 서양도 예외가 아니다. 르네상스 이후 근세를 장식한 수많은 전쟁이 벌어지고 잔혹

한 세계대전世界大戰으로까지 치닫게 된다.

긴 혼돈의 터널을 벗어나자 사람들은 문득 깨닫게 된다. 세상에는, 우주에는 절대적인 것이 아무것도 없다는 것을, 모든 것이 서로서로 상대적으로 맞물려 돌아가고 있다는 것을 깨닫게 된다. 이 배경에서 탄생한 것이 송학宋學이고 성리학性理學이다. 서양에서는 아인슈타인의 상대성 원리가 탄생한 시대적 배경이기도 하다.

서거이徐居易(호: 자평子平)는 북송 초北宋初 이러한 시대적 배경 속에서 살다 간 은둔 거사이다. 섬서성 화산華山 자락에 살았다고 한다. 화산을 가 본 사람은 느끼겠지만 산세기 웅장하고 호방하다. 친장千丈 임벽이 일필휘지로 내려뻗는다. 패러다임을 바꾸는 사람의 기세가 이러할 것이다.

자평은 당나라 이허중李虛中이 완성한 고법 명리학 모델을 손봐야 할 필요성을 느꼈을 것이다. 제일 중요한 것은 '나我'임은 분명한데, 문제는 나는 절대적인 존재가 아니라 나와 타자他者(사람이든, 물건이든, 운명이든)와의 상대적 관계 속에서만 존재한다는 것이다.

그래서 명命의 주축을 년주年柱에서 일주日柱로 바꾸고 일간日干을 나로 삼아 타자와의 상대적 관계를 고려하고, 납음오행을 무시하고, 나의 상대적 변화를 근묘화실根苗花實의 시계열적時系列的 개념(년을 뿌리, 월을 새싹, 일을 꽃, 시를 열매로 삼아 생왕병사의 인생과정을 비교 분석)으로 하여 명命을 풀었는데 잘 맞았다고 한다. 사람들은 이를 자평술子平術이라고 불렀으며 널리 퍼져 나갔다.

이후 여러 명리가命理家를 통하면서 수많은 법과 술이 파생하여 개발되었고 혹독한 검증을 거쳐 발전해 왔다. 수백 년이 지난 후 남송 말南宋末 서승徐升(호: 대승大升)이라는 사람이 《연해자평淵海子平》이라는 책으로 이들을 정리하였는데, 이를 **자평명리학子平命理學**이라고 하며 오늘날까지 명리학의 주류로 군림하고 있다. 그리고 사람들은 이 시대 즉 서자평에서 현재까지를 명리학의 **금법 시대今法時代**라고 부르고 있다.

자평명리의 모형은 이후 대부분의 명리가들이 이를 따르고 있는데, 사주四柱와 8자八字로 사주원국原局의 명반命盤을 삼고, 기의 상대적 흐름을 반영하여 대운과 세운의 운반運盤을 도입하여 사주 원국을 명반命盤과 운반運盤으로 확립함으로써 오늘날까지 표준 모형으로 자리 잡고 있다.

일간日干이 '나我'로 확고히 자리 잡자 나에 대한 연구 분석이 이루어져 왔는데 이후 10천간 12지지의 성질에 대한 활발한 연구가 이루어져 간지론, 물상론, 성상론이라는 큰 과목으로 자리 잡게 되었다.

그리고 일간인 나와 각 8자와의 상대적 관계에 대한 연구가 자연스레 이어졌으니 간명의 유력한 수단인 육친론(肉親論 혹은 六親論)과 십신론十神論 혹은 십성론十星論으로 발전하게 되었는데, 명리학 교육에 있어서 필수 분과일 정도이다.

　고법 시대 명리학의 꽃이 납음오행이라면, 금법 시대 명리학의 꽃은 뭐니 뭐니 해도 격국론格局論일 것이다. 강약強弱분석, 조후調候분석, 병약病藥분석, 용신론用神論 등은 모두 크게는 격국론의 구성 요소로 묶어도 좋을 것이다.

1. 금법今法 표준標準 모형模型

도표 22 금법 표준 모형 예

實	花	苗	根	
시주時柱	일주日柱	월주月柱	년주年柱	명반 命盤
乙	己	壬	壬	
亥	酉	子	寅	

자식/부하		본인/처		부모/형제		조상		육친/궁	
85	75	65	55	45	35	25	15	5세	大運數
辛	庚	己	戊	丁	丙	乙	甲	癸	大運	운반 運盤
酉	申	未	午	巳	辰	卯	寅	丑		

- 금법 시대의 가장 중요한 특징은 사주의 주체를 **년주年柱**에서 **일간日干 중심**으로 놓았다는 것이다.
- 고법 시대에 간지를 통으로 보는 것에서 8자字를 모두 해방시켜 **各各의 干과 支를 認識**하기 시작하였다.

특히 여덟 글자가 자유로워졌다는 것은 고법 시대와 금법 시대를 가르는 결정적인 계기가 된다. 지금은 우리가 흔히들 사주팔자四柱八字라고 이야기하지만 고법 시대에는 간지가 통으로 된 柱가 위주이지 자字의 독립성을 그다지 크게 부여하지 않았다. 엄격한 납음의 규칙으로 명리가들의 갑갑함이 극에 달하였을 것으로 짐작된다.

자평 이후 여덟 글자가 자유로워지자 다양한 상상의 나래들이 봇물 터지듯이 쏟아져 나오기 시작했고, 사주 간명의 백화제방百花齊放이 터져 나왔다. 간지 하나하나의 의미를 찾기 시작했고, 일간을 중심으로 다른 간지들 하나하나와 상대론적 연구도 끊임없이 이어졌다. 많은 상상과 수많은 시도와 헤아릴 수 없는 간명看命의 검증 작업들이 이루어졌다. 수많은 유파들이 생겨나고 경쟁하며 명리학의 꽃을 피워 나갔다. 가히 명리학계의 춘추 전국 시대라 할 것이다.

이렇게 수백 년을 뜨겁게 덜구있던 열기는 점차 몇 가지 큰 갈래로 정리되는데, 간지 각 글자의 의미를 묻는 **간지론干支論**과 일간 중심으로 각 간지 글자 간의 상대적 관계의 궁규를 통해 예측력을 끌어올린 **십신론十神論**과 수없이 축적된 빅 데이터를 기반으로 한 금법 명리학의 금자탑인 **격국론格局論**이 그것이다.

2.
간지론干支論

　간지론은 8자 각각의 의미를 연구하는 10천간론十天干論과 12지지론十二地支論이 그 주축을 이룬다. 여러 각도와 위상에서 10천간과 12지지를 분해하고 합체하고 조립하기를 반복해 왔고, 특히 물상론物象論, 성상론性象論 등이 기여한 부분도 크다. 간지론은 원소 주기율표상의 100여 개의 원소 각각의 특징과 속성을 다루는 물리화학과도 비슷하다 하겠다. 일주론日柱論도 간지론의 한 분야이다.

　사실 간지론은 그 연구 성과가 너무나 방대하고 또 다양하다. 아마도 간지론이야말로 고래로부터 현재까지 명리가들 각자의 심득心得이 가장 짙게 묻어나는 분야일 것이다. 또한, 누구라도 크게 이의를 제기하기 어려운 명리가命理家들, 명리유파命理流派들 각자의 독문절초獨門絕招에 해당하는 경우가 많다.

　그러니 세세하고 중요한 것들은 잘 공개되지 않는다. 아마 명리학계 내에 비급祕級이 존재한다면 이 간지론 분야가 주를 이룰 것이다. 그리고 강호江湖에 널리 공개 회자되고 있는 것이라 하더라도 그 내용이 방대하여 따로 두꺼운 간지론 전문 서적을 준비하여야 할 정도이다.

　따라서 이 책에서는 간지론은 다루지 않기로 하겠다. 기존의 간지론 서적을 참고하시고, 강호제현들 모두 절정비급絶頂祕級을 습득하는 기연奇緣을 만나기를 기원하겠다.

3. 십신론十神論

　십신론은 십성론十星論이라고도 한다. 사주팔자 중 주체인 일간과 나머지 7개의 간지 간 상대적 관계를 규정하고 이들 간의 음양오행 작용에 대한 추론을 통하여 운명을 해독해 나가는, 상대성 원리적인 금법 명리학의 정수라고 할 수 있다.

　현인賢人들은 상생상극相生相剋과 **조조助, 생生, 설泄, 극剋, 모耗**라는 오행 작용五行作用을 주체인 일간日干 중심으로, **일간이 주고받는(give & take)** 관계로 나누고, 이를 다시 **양-음, 음-양/양-양, 음-음에 해당하는 정正/편偏** 두 종류로 분류하여 10개의 반인격체半人格體를 만들어 내었다. 그리고 이에 십신 또는 십성이라는 이름을 부여하여 그 어떤 속성, 성정을 의인화함으로써 오행 작용을 쉽게 풀어 썼다. 이로써 사람들은 간지들 간의 오행 작용을 친숙하고 용이하게 이해하고 사용하며 받아들일 수 있게 되었던 것이다. 십신론을 계기로 명리학은 더욱 풍성하고 다채롭고 자유분방한 학문으로 성장하게 되었으며, 더욱 친숙하게 사람들 속으로 파고들 수 있게 되었다.

도표 23 십신(십성)표

		조助	생生 설泄	극剋/모耗
Give	정正	겁재劫財 비견比肩	식신食神	정재正財
	편偏		상관傷官	편재偏財
Take	정正		정인正印	정관正官
	편偏		편인偏印	편관偏官

십신 중 비견/겁재는 비겁比劫, 식신/상관은 식상食傷, 정인/편인은 인성印星 혹은 인수印綬, 정재/편재는 재성財星, 정관/편관은 관성官星 혹은 관살官殺로 묶어서 5종류로 분류하기도 한다. 이는 편의상 이렇게 묶는 측면이 대부분인데, 중국의 벽해명리파처럼 정, 편의 구분 즉 오행 내 음양의 구분을 무의미하다고 보는 분파도 있다.

후술하겠지만, 필자도 현행 오행 간지의 음양 구분을 전하량 개념이 아닌 Spin과 Spintronix 개념으로 간주하여 오행의 상호 작용에서 기존 음/양 구분 즉 정/편 구분을 보류해 두자는 견해를 가지고 있다. 예를 들어, 갑과 을의 구분을 (+)와 (-)의 구분이 아니라, up Spin, down Spin의 개념으로 보자는 것이다. 아쉬운 것은 물리학에서 spin과 spintronix에 대한 연구가 진행 중이라 필자도 뭔가 결론을 낼 단계는 아니라고 생각하여 일단 판단을 보류해 두고자 하는 것이다.

한편, 육친론肉親論은 십성론을 더욱더 의인화하고 고법

의 궁성론宮城論을 가미한 것인데, 일반 대중들의 이해를 돕고 보다 친숙하게 다가가기 위해 고안해 낸 체계이다.

〈십성론과 육친 관계〉
- 비겁: 친구, 형제
- 식상: (여성) 자식
- 인성: 부모
- 재성: 피고용인 (본인이 영향력을 행사하는 사람들)
  (남성) 처첩
- 관성: 고객, 上官 (본인이 영향받는 사람들)
  (여성) 남편, 情人, (남성) 자식

〈궁성론과 육친론〉
- 년주궁年柱宮: 조상 / 국가 사회 일반
- 월주궁: 부모, 형제, 친구 / 이웃, 고객, 상관, 직장
- 일주궁: 본인과 배우자
- 시주궁: 자식, 피고용인

4.
격국론格局論

격국론

　물리학에는 크게 이론물리학理論物理學과 실험물리학實驗物理學이 있다. 이론물리학은 상상과 수학 등으로 모순 없는 원리와 법칙의 뼈대를 만들어 나가는 과정이다. 실험물리학은 어떤 조건이나 환경을 설정하고 반복적인 관찰과 실험을 행한 후 관련 데이터를 분석 정리하여 끊임없이 유의미한 결론을 찾아 나가는 과정이고 또 한편으로 이론물리학에서 성립된 가설을 검증하는 중요한 기능을 수행한다. 1915년 발표된 아인슈타인의 상대성이론도 1919년 에딩턴에 의해 개기일식 때 태양에 의한 별빛의 왜곡 현상이 관측되기 전에는 이론으로 인정받지 못하였다. 이처럼 이론물리학과 실험물리학은 똑같이 중요하다. 어떻게 보면 실험물리학이야말로 더욱 본질적이라 할 수 있다.

　명리학에도 굳이 분류하자면 이론명리학과 실험(실증)명리학이 있다고 할 수 있겠다. 실험명리학은 간명看命, 통변通辯의 정치화精緻化에 심혈을 기울이고 그 결과를 끊임없이 검증하고 기록하고 분류해 나가는 작업을 말한다. 고래로부터 수많은 명리가들이 간명 결과에 대해 검증해 왔고 검증 데이터를 분석 정리 분류 축적해 왔다. 명리학이 학문으로서 존립할 수 있는 근거는 이 오랜 세월에 걸쳐 축적된 **방대한 검증 데이터**에 있다 하겠다.

격국론은 일종의 분류학이며 실험(실증)명리학의 정수라 할 수 있다. 명리가들은 수백 년에 걸친 사주 간명의 검증 데이터를 어떤 기준에 따라 분류해 왔는데, 유사한 운명의 흐름이나 운명의 성정을 동일 카테고리로 묶을 수 있다는 것을 발견하고 그 카테고리를 격국格局(내격內格, 외격外格, 종격從格, 특수격特殊格 등)이라 명명하였다. 송말宋末의 《연해자평》, 명대明代의 《자평진전》과 《삼명통회》 등을 통해 상당히 완성된 모습을 선보였는데, 수 대를 거치다 보니 그 내용이 방대하면서도 정밀해졌다. 격국론에 대해서는 잘 소개된 서적들이 워낙 많아서 이 책에서는 따로 소개하지 않도록 하겠다.

격국론이 가지고 있는 또 하나의 중요한 개념은 개운법改運法이다. 명리학이 다른 철학 사조와 다른 점은 정해진 운명에 적응하되 개선해 나갈 수 있다고 믿으며 이를 위한 그 나름의 구체적인 수단手段을 준비해 두고 있다는 것이다.

격국론은 격국 파악 후 강약, 병약, 조후 분석 등을 통하여 용신用神과 희신喜神 기신忌神들을 파악한다. 혹은 운명의 병病을 알고 약藥을 준비한다. 이러한 해독 체계解讀體系의 근저를 이루는 것은 개운改運에 대한 인간의 소박한 열망이다. 또 바로 이 점에서 많은 사람들의 명리학에 대한 강한 질시와 거부감 심지어는 혐오감까지를 불러일으키기도 한다.

고법 시대에도 물론 개운법改運法의 개념이 있었다. 이때의 개운법은 주로 부적이나 귀鬼와 신神을 통한 구원救援을 도모하는 것이 주류를 이루고 있었다. 이는 현대에 들어서도 여전히 널리 사용되는 수단이기도 하다. 그러나 금법 시대 격국론의 개운법은 외부에서 구원을 얻는 것이 아니라, 자신의 내재적 구조 속에서 구원의 방법을 찾고자 한다. 즉 사주팔자 원국의 구조 속에서 강약 병약 조후 분석 등을 통해 개운법의 단서를 찾아내는 것이다.

격국론이 발전해 올 때 어떤 특별한 의도나 목적이 있었던 것은 아닐 것이다. 그러나 완성된 면모를 갖추게 되면서 어떤 목적성을 부여받게 된다. 예로부터 명리학에는 혹세무민이라는 꼬리표가 늘 붙어 다녔다. 명리가를 특별히 양성하고 자격을 부여하는 공인 기관이 없다 보니 비적격자를 걸러 내지 못하여 실제로 혹세무민하는 사례도 왕왕 있어 왔다. 또 명리가에 따라 그 간명의 결과가 천양지차로 다르게 나오는 경우가 많은 것도 명리계의 고질적인 문제였다.

그러나 격국론을 통하면서 명리가들 사이의 간명 편차를 어느 정도 범위 내로 모을 수 있는 효과를 거둘 수 있게 되었고, 복잡다기한 격국론의 숙달 정도를 통하여 명리업계의 자체 정화 효과도 거둘 수 있게 되었다. 격국과 용신에 정통하지 못하면 명리가로 자처하는 데 상당한 심리적 걸림돌로 작용하는 효과도 있었던 것이다.

격국론의 문제점

격국론의 지향점은, 아니 고법과 금법 명리학의 지향점은 사주의 '중화中和'에 있다. 격국 분석을 통해 격국이 정해지면 일간의 상태를 저울질하는 시발점이 강약분석이고 경우에 따라 조후 분석과 병약 분석을 곁들인다. 강약 분석과 조후 분석, 병약 분석을 하는 목적은 억강부약抑强扶弱을 위주로 하는 수단들을 통해 균형 상태 즉 중화 상태로 회귀하겠다는 의도이다. 물론 종격이나 특수격과 같이 도저히 중화로 회귀하는 것이 불가능한 사주의 경우 따로 그 특성에 맞게 처리하는데, 이는 통계적으로 10% 내외라는 설이 있을 정도로 그 경우의 수가 많지 않다.

중화中和를 이룬 사주가 가장 이상적이라는 생각은 '중용中庸'이 유학의 최고 덕목으로 숭상받고 있는 것과 깊은 관계가 있다. 특히 성리학의 발전과 궤를 같이 같이하고 있는 금법 시대의 명리학에서는 더욱 그러하다. 중용이 무엇이며 왜 중요한가에 대해 명확한 답을 제시하지 못하는 것처럼 왜 중화 사주를 목적으로 해야 하는지를 명리학 또한 제대로 설명하지 못하고 있다.

앞에서 설명하였는데, 중용사상은 오행 상생상극 원리의 사회학적 폐단을 극복하고자 하는 수정 오행주의적 발로이다. 즉 4행의 순수상생 원리와 오행 상생상극 원리의 조화를 도모하고자 하는 것이다. 명리학에서는 생극제화生剋制化 개념으로 발전시키고자 하는 시도가 있었으나 뿌리를 제대로 내리지 못하고 단순히 사주의 중화주의中和主義가 상위 목적이 되었다.

이처럼 명리학의 사주 중화주의는 중용사상의 영향을 받고 주류를 이루었지만, 4행과 5행에 대한 자각적 반성 없이 단순한 중립, 중도를 지향하게 되었던 것이다. 물론 중화 사주가 왜 이상적인가에 대한 많은 의문 제기가 있어 왔지만 묻혀 버렸다.

후술하겠지만, 중화가 의미가 없는 것은 아니다. 물질 입자는 전자를 서로 주고받으며 전하량의 중화를 지향한다. 전자는 가장 안정적인 궤도를 찾아가서 입자 내부의 안정을 꾀하려는 자연적 본성이 있는 것이다. 이것은 곧 궁극적인 열평형, 에너지 평형을 지향하는 엔트로피 법칙에 따르는 것과 같다. 이런 의미에서 명리학의 사주 중화주의는 자연 순응, 순천順天 사상의 귀결로 보아 줄 수도 있을 것이다.

하지만 도대체 생명生命이란 무엇인가? 생명은 원초적으로 역逆엔트로피로부터 탄생한 것이다. 생명이라는 것은 의도적이었든 우연 발생적이었든 에너지의 비평행적 조작을 전제로 한다. 국부적인 에너지의 응집 즉 저低엔트로피 상태가 조성되었을 때 비로소 생명체는 태어난다. 명리학적으로 말하면 우리가 태어날 때 사주팔자의 부호로 상징되는 원기元氣, 즉 저엔트로피 혹은 자유에너지의 상태와 정도가 주어지는 것이다.

원기元氣 즉 저엔트로피의 정도(혹은 유효 엔트로피, 자유에너지라고 표현)를 크게 갖고 태어나는 사람도 있고 그렇지 못한 사람도 있다. 저엔트로피에서 고엔트로피로 이행하여 종내에 영원한 평행에 이르는 자연의 대세는 그 무엇도 거스를 수 없다. 하지만 살아가면서 얼마나 원기를 잘 보존하면서 들어오는 운이나 주변 환경의 에너지를 잘 활용하느냐에 따라 사람의 운명은 얼마든지 바뀔 수 있다.

생명은 역천逆天 본능이 있다. 아니 역천 그 자체가 곧 생명이다. 하늘은 주어진 활용 가능한 원기만큼만 존재하라고 하는데, 생명은 어쨌든지 그 원기를 잘 보존하고 늘려 사용해서 더 오래 살려고 한다. 어찌 보면 우주에서 생명이 태어난 것 자체가 우연과 자체 모순의 부산물이다. 도도하게 진행하는 엔트로피 법칙 속에서 그 자그마한 틈, 도저히 발생할 수 없는 가운데의 그 우연한 어그러짐이 곧 생명인 것이다. 우주의 단 5%만이 물질을 허용받고, 그중에서도 수조분의 1%만이 생명을 부여받는다.

그런데 진시황이 본인은 불로장생, 부귀영원의 역천을 꿈꾸면서 백성들에겐 순천順川을 강요하는 것은 말도 안 된다. "順天者興, 逆天者亡"은 지배자의 도그마요, 수천 년간 인류를 세뇌시켜 온 지독한 망령이다. 사주팔자 명리학에서 억강부약抑强扶弱, 중화주의中和主義라는 개념은 이러한 사조思潮의 산물이다. 그리고 오행 상극 작용에 대한 집착의 결과이기도 하다. 지나친 신강身强이라 억눌러야 한다는 개념이란 있을 수 없다. 지배층의 의심의 눈총을 피해야만 하는 서글픈 하층민 나름대로의 고뇌였을 것으로 이해는 된다.

하지만 불굴의 인류는 역경을 뚫고 마침내 모든 사람이 자신이 자신의 주인이 되는 민주民主를 이루었다. 이제는 모두가 역천逆天을 지향해야 한다. 많은 시행착오가 있을 수 있고, 우리의 생태적 존재론적 안정이 크게 위협받을 수 있다. 그럼에도 불구하고 중화中和가 아닌 역천逆天을 지향해야 하는 것이 수천억, 수조분의 일 확률로 삶을 부여받은 생명체의 최소한의 양심이자 우주사적宇宙史的 사명이다.

따라서 명리학 특히 격국론에서 막연한 중화주의中和主義, 균형주의均衡主義를 의심해 보고 생명의 운명이 진정으로 지향해 가는 궁극이 무엇인지 고민해 볼 필요가 있을 것이다. 그리고 이 고민 속에서 우리는 기존의 패러다임이 뭔가 거북하고 맞지 않은 것 같다는 것을 지속적으로 느끼고, 이젠 뭔가 새로운 패러다임의 도래를 모색해 봄 직하지 않은가 하고 다수의 명리가들이 느끼기 시작한다면 천년의 금법 시대今法時代를 극복하는 대오에 동참할 때가 온 것이다.

5장

신법 시대新法時代 탐색探索
- 양자론 시대

패러다임의 대전환大轉換을 꼽으라면 코페르니쿠스적 대전환과 닐스 보어적 대전환을 꼽을 수 있을 것이다. 물론 닐스 보어적 대전환이란 1920년을 전후하여 양자물리학의 등장에 따른 대전환을 가리킨다. 그 후 100년이 흘렀지만 양자물리학적 전환은 여전히 진행 중이다. 아니, 이제 겨우 몇 걸음을 떼기 시작했다고 표현해도 크게 틀렸다고 말할 수는 없는 단계일 것이다.

앞에서 뉴턴의 절대계 패러다임과 고법 명리학, 아인슈타인의 상대성 원리 패러다임과 금법 명리학을 연계시켜 설명한 바 있다. 패러다임의 상이함에 따라 명리학이 어떻게 확연히 달라지는지도 보았다. 상대성 원리 패러다임하에서 뉴턴 역학이 여전히 유용하게 활용되고 있듯이 금법 명리학이 고법 명리학을 대체하여 모두를 없애 버린 것이 아니고 쓸 수 있는 것은 손을 봐서 여전히 유용하게 활용하고 있다. 금법 명리학 또한 패러다임 대전환의 격랑 속에서 우리가 의식하든 의식하지 못하든 수많은 명리가들의 손을 거쳐 변모해 가고 있다. 루즈지는 그의 책 《명리학의 이해》 후반부에서 이러한 변화의 물결들을 자세히 소개하고 있다.

토마스 쿤은 그의 저서 《과학혁명의 구조》에서 패러다임의 전환은 잔잔한 변화의 물결들이 쌓여서 선형적으로 이루어지는 것이 아니라 단락적이고 혁명적으로 일어난다고 천명하였다. 양자물리학이 등장한 지 어느덧 100여 년이 지났지만 사람들은 아직도 양자물리학을 잘 이해하지 못하겠다고 한다. 그러나 마냥 기다릴 수만은 없고 이제는 혁명의 완성, 양자물리학적 패러다임의 확립을 이루어 내어야 할 시점인지도 모른다. 진화의 요구에 걸맞은 패러다임의 전환을 신속히 이루어 내지 못한다면 인류라는 생명체의 종種은 혹독한 시련을 겪어야 할 것이기 때문이다.

오늘날 수많은 지구적 대재앙이 예측되고 있다. 기존의 패러다임으로는 이 문제를 결코 해결할 수 없을 것이다. 과학과 기술 혁신도 중요하지만 우선적으로 그를 선도하고 활용할 사고와 사상, 문화적 패러다임의 전환이 선행되어야 하는 것은 자명한 이치이다.

명리학은 태초의 인류 문화를 선도해 왔고 우주 신비를 푸는 열쇠인 음양오행을 핵심 기능으로 다루는 학문이며, 미래에 대한 묘사와 예측을 그 주요 연구 영역으로 삼고 있는 학문이다. 따라서 지구적 대전환기에 처하여 이러한 명리학이 누구보다 빨리 패러다임의 전환을 모색하고 도모해 나가야 할 때가 아닌가 생각한다. 새 패러다임으로 성공적으로 전환된다면 우리는 이를 **'명리학의 신법 시대新法時代'** 혹은 **'신법명리학新法命理學'**으로 불러도 좋을 것이다.

필자는 신법 명리학을 탐색하고자 하는 취지에서 이 책을 구상하였다. 앞 장들에서 고법, 금법 명리학을 간략히 소개하고 문제점들을 제기하였다. 이 문제점들이 신법 명리학을 모색해 나가는 조그만 단서가 될 수 있지 않을까 하는 바람이기도 했다. 그리고 또 한편으로 현대 물리학의 성과를 통해서도 그 단서를 찾고자 한다.

  다음의 내용은 필자의 이러한 탐색探索의 좌충우돌 기록이다. 탐색의 흔적이 쌓이고 쌓인 길 위에서 나는 혁명을 몰고 올 천재를 기다릴 것이다.

1. 음양陰陽과 물리학物理學

우리는 앞에서 오행 사상이 고대로부터 근대 초에 이르기까지 우리 사회의 근간 사상적 지위를 구축해 왔다는 것을 살펴보았다. 그렇다면 陰陽 사상은? 명리학이 음양과 오행 사상을 핵심으로 한다고 하면서 핵심의 두 축 중 하나인 음양에 대한 설명이나 논증이 부족했던 것은 사실이다.

흔히들 음양은 언덕의 햇빛이 쬐는 양지와 그늘진 음지, 해와 달, 남과 여, 봄 여름과 가을 겨울, 목, 화와 금, 수 등으로 비유하여 설명해 오곤 했다. 또 도문道門에서는 음과 양을 태극太極에서 파생되어 나와 사상四象과 만물을 생성시키는 근원으로 설명한다. 또한, 주자朱子는 〈태극도설해太極圖說解〉에서 "太極이 움직여(動하여) 陽을 낳고 움직임이 잦아들어 고요해지면(靜하면) 陰을 낳는다. 리理가 動하고 靜하여 음과 양의 기氣로 나뉘고, 이 動과 靜의 변화 즉 양과 음의 변화는 끊임없이 반복 순환되며, 理는 氣 속에 함께하고 理와 氣가 어우러져 천지 만물을 낳는다."라고 설명하였다.

도표 24 주자朱子의 태극도설해太極圖說解

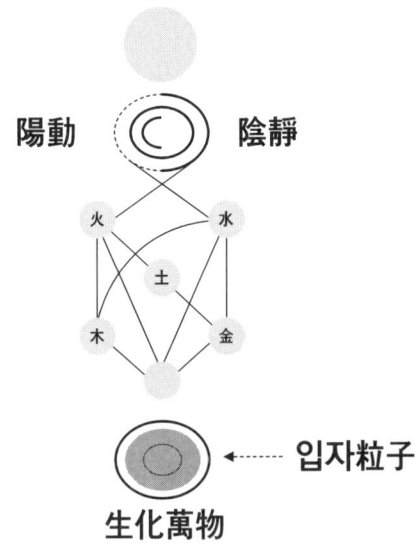

이처럼 음양론은 주위에서 흔히 볼 수 있는 자연물로 비유하여 쉽게 설명하는 것으로부터 아주 난해한 형이상학적 철학으로 설명하는 이론으로 점점 발전해 나가고 있다. 심지어, 오행은 다름이 아니라 음양이 변화하는 양태들을 각기 규정한 것에 불과하다는 설명도 있다. 음이 꽉 찬 상태 즉 순음純陰에서 양이 형성되고 양이 점차 자라서 동시에 음은 점점 줄어들어서 양이 꽉 차게 되는 순양純陽에서 다시 음이 나타나고 점차 자라 순음이 되고 순음에서 다시 양이 나타나고 자라고… 무한 반복되어 나간다는 것이다. 그리고 양이 처음 나타나는 氣의 상태를 목木이라 하고, 순양을 火, 음의 처음을 金, 순음을 水라 하며, 순음에서 양이 생성되는 찰나와 순양에서 음이 생성되는 찰나를 土로 설명하고 있다.[21]

애매모호하고 난해하기가 그지없다. 오죽했으면 배워서 알 수 있는 것이 아니라 깨달음을 얻어야 도달할 수 있는 영역이라고들 하였을까. 그렇게 동양의 핵심 사상은 몇 안 되는 깨달음을 얻은 종사宗師들 간의 인연의 고리를 통하여 존속 발전되어 왔으며, 범인들은 그 편린에도 목말라하고 감동해 왔던 것이다.

이처럼 동양에서는 만물의 근본을 정확히 알 수는 없지만 무형의 氣로 추정되는 陰陽으로 파악하였다. 한편 서양에서는 세상의 근원에 대한 거의 최초의 문헌 기록으로, 탈레스(BC624-BC545)가 세상의 근원이 바람, 불, 흙, 물의 4원소로 이루어져 있다고 하였다. 탈레스의 밀레토스 학파의 자료가 대부분 사라져 버려 이 4대 원소가 구체적으로 무엇을 의미하는지 알 수는 없으나 물, 불과 같은 물질 자체가 아니라 그 어떤 상징체계라는 것은 추정할 수 있다.

그러나 명리학을 공부한 사람이라면 이 4대 원소가 무엇을 의미하는지 단박에 알아차릴 것이다. 명리학에서 바람은 木의 상징적 속성이고, 불은 火, 물은 水, 흙(아마도 원어는

---

21) 한국민족문화대백과사전, "음양론"

암석류로 추정)은 金의 상징 속성이다. 목, 화, 금, 수 이것들은 무엇인가? 바로 오행 중 4행이 아닌가? 이 얼마나 기막힌 우연이란 말인가?

  신화시대 속에서 새로운 양식樣式의 지식과 이해를 개시하며 과학적 사고의 첫 새벽을 열었던 밀레토스 학파는 페르시아 제국의 침략으로 몰락해 버렸다. 그 후 데모크리토스(BC460-BC380)는 만물의 근원은 알갱이라는 고대 원자론의 방대한 체계를 세웠다. 데모크리토스 체계의 기본 발상은, 우주 전체는 끝없는 공간으로 이루어져 있으며 그 속에 무수한 원자들이 돌아다닌다. 원자는 더 이상 나눌 수 없는 실재의 기본 알갱이이다. 원자들은 공간 속을 자유로이 돌아다니다가 서로 부딪치고, 밀치고, 당기기도 한다. 만물은 원자들의 이러한 운동과 조합이 무작위로 우연히 만들어낸 부산물일 뿐이다.[22]

  데모크리토스의 원자 가설은 러더포드, J.J.톰슨 등 수많은 과학자들의 연구 노력을 거쳐 1905년 아인슈타인에 의하여 원자가 존재한다는 것이 결정적으로 증명된다. 빛과 만물의 근원에 대한 논쟁은 아인슈타인의 원자설 증명 전까지는 파동설과 입자설이 다투는 가운데 빛의 회절 현상, 전자기장의 발견 등으로 파동설이 우세를 점하고 있었다.

  세상의 근원에 대한 논쟁은 탈레스 4대 원소설이 의미하

---

[22] 카를로 로벨리, 《보이는 세상은 실재가 아니다》 중 1장, 김정훈 옮김, (쌤앤파커스, 2018)

는 일종의 파동설에서 시작해서, 데모크리토스의 입자설이 대두되고, 그 후 근대에 들어 전자기장 이론 등 근대 과학의 파동설이 지배적이다가, 아인슈타인의 광전 효과光電效果 입증(주지하듯이 아인슈타인은 이 공로로 노벨물리학상을 받았다)에 따라 입자설로 바뀌어 왔다.

이처럼 서양에서는 근 2,500여 년에 걸쳐 세상의 근원이 파동波動이냐 입자粒子이냐에 대한 논쟁이 엎치락뒤치락해 왔다. 이에 반해 동양에서는 이런 논쟁조차 없었다. 탈레스보다 훨씬 이전에 일찌감치 파동설로 깔끔하게 정리되어 있었던 것이다. 태극太極(이를 Big Bang으로 봐도 무방할 것이다)이 음양陰陽이라는 파동波動을 낳고, 음양은 삼재三才의 원리原理에 따라 결합하여 사상四象이라는 파동을 낳고, 이 파동들이 상호 작용하여 팔괘八卦와 육십사괘六十四卦 그리고 만물萬物을 낳은 것이다. 즉 세상의 근원은 파동이고 이 파동들이 상호 작용하여 입자들이 탄생하였다는 파동설이 동양사상의 근간을 이루어 왔던 것이다.

아인슈타인의 입자설 이후 현대 물리학은 원자 알갱이에 대한 연구에 수많은 과학자들의 노력이 더해져 왔다. 더 이상 나눌 수 없다던 원자가 전자와 원자핵으로 구성되어 있다는 것이 밝혀졌고, 원자핵이 사실은 양성자와 중성자로 이루어져 있다는 것이 밝혀졌으며, 이들을 결합하고 있는 힘에 대한 연구도 이루어져 강핵력, 약핵력이 발견되고 기존의 중력과 전자기력에 더하여 4대 Force로 불리게 되었다. 그 후, 이제는 더 이상 쪼개질 수 없던 것으로 보이던 입자가 거대한 입자가속기로 충돌시켜 보니 수많은 미립자로 쪼개질 수 있다는 것을 밝혀내었다. 이를 정리하여 물질을 구성하는 페르미온(Fermion) 12종(퀴크quark 6종, 렙톤(lepton) 6종)과 4대 힘을 매개하는 보손(Boson) 4종(gluon, photon, W/Z), 질량을 부여하는 힉스 보손(Higgs Boson) 1종을 합하여 17개 종의 입자를 포함하는 '입자표준모형'이 탄생하면서 우주와 만물의 근원으로서의 입자 연구에 정점을 찍게 된다.

도표 25 **입자표준모형과 오행五行**

데모크리토스의 원자 가설로부터 뉴턴, 아인슈타인을 거쳐 표준입자모형까지 2,500여 년을 달려온 숨 가쁜 여정이었다. 이와 더불어, 태초에 빅뱅으로 수소와 헬륨 원자가 가득 생기고 이들이 중력 작용으로 뭉쳐서 태양과 같은 별이 되고, 별의 내부에서 1차 2차 핵융합반응을 하고 그 수명을 다하여 극강의 중력으로 응축되면서 결국에는 초신성이 되어 폭발하면서 수많은 원자를 생성하게 되었고, 화학에서 발견된 원자 주기율표가 증명되고 완성되었다. 이로써 우주의 근원은 원자 즉 입자이고 세상 만물은 단지 이러한 입자들의 운동과 우연한 조합으로 탄생하는 부산물에 불과하다는 데모크리토스의 원사 가설이 세상의 지배 원리가 되는 것 같았다.

　이에 반해 동양에서는 서양의 과학문물 성과를 본격적으로 받아들이기 시작하는 근대 이전까지 우주의 근원은 음양이라는 무형의 기 즉 서양 과학적 용어로 의제하자면 파동이라는 것을 굳게 믿고 있었다. 陰陽이란 무한 순환하는 파동 곡선이고 파동과 파동이 만나서 四象이라는 파동을 만들고, 사상에 하나의 파동이 더해져서 팔괘八卦라는 각기 다른 파동을 만들고, 팔괘와 팔괘가 위아래로 중첩이 일어나면서 또한 저마다 다른 64괘라는 파동 혹은 입자들을 형성한다고 믿었다. 이 파동들이 전 우주를 촘촘히 가득 메우며 넘실대고 있으며, 중묘지문衆妙之門(노자 1장)을 통해 음양의 파동이 끊임없이 생성되어 나오고 음양이 다시 사상 팔괘 등을 무한 생성해 내는 것으로 믿고 있었다.

한편 현대 물리학자들은 입자표준모형이 불안정하다는 것을 발견하였다. 표준 모형은 우주에 있는 에너지 질량의 단지 5%만 성공적으로 설명한다. 우주 질량 에너지의 95%는 여전히 신비한 영역에 머물러 있다. 암흑물질 27%와 68%의 암흑에너지 형태를 설명하지 못하고 있는 것이다. 그리고 초기 우주에서 물질과 반물질이 한 쌍의 대칭적으로 생성되어 소멸되어 가는 과정에서 완전히 없어지지 않고 10억분의 1도 안 되는 적은 양의 물질이 살아남아서 현재의 우주를 이루고 있는 것을 표준 모형은 설명하지 못하고 있는 것이다.[23]

이러는 중 플랑크 방정식 E=hv(에너지=플랑크 상수×파동진동수)와 아인슈타인 방정식 $E=mc^2$(에너지=입자 질량×광속 상수의 제곱)에서 파동의 진동수는 물질 입자의 질량과 상관관계가 밝혀졌다. 이는 즉 '파동=입자'라는 유력한 암시를 던져 준다.

또 다른 괄목할 만한 연구는 왜 입자들은 초고속으로 회전하고 있는가에 착안하고 있다. 파동이 중첩하고 중첩하고 어마어마하게 쌓이다 보면 작은 점으로 점점 응축하게 되는데 응축의 정도가 임계점을 돌파하게 되면 돌기(spin)

---

[23] 폴 프램튼, 김진의, 《입자이론의 역사》, 최기영 역, (동아시아, 2022), p.270

시작하고 가속하기 시작하여 우리가 알고 있는 입자 물질과 같은 형태를 이루게 된다는 것이다. 이는 입자라는 것은 수많은 파동을 끌어모아서 한 범위 안에 구겨 넣어진 것이라는 의미이고, 결국 우주 만물의 근원은 무형의 기의 상태인 파동이라는 것이다. 아인슈타인도 "물질이라는 것은 장이 극도로 강하게 집중된 공간의 영역들에 의하여 성립되는 것"[24)]이라 갈파한 바 있다.

무형의 기의 파도가 넘실거리는(양자 장 요동量子場搖動) 바다를 물리학 용어로 암흑에너지라고 하고, 이 암흑에너지 파들이 서로 중첩되고 중첩되는 지점들에서 암흑물질이 생성되고, 암흑물질에 다시 파동들의 모사가 넛씌워지면서, 관측할 수 있는 물질 입자가 생성된다고 가정해 볼 수 있겠다. 그리고 그 구성비율은 암흑에너지 68%, 암흑물질 27%, 물질입자 5%로 관측되고 있다.

이 가설을 명리학적으로 재구성해 보면, 노자老子의 중묘지문衆妙之門(추정컨대 플랑크 홀Planck Hole)에서 음양으로 불리는 기파氣波들이 생성되어 나오는데, 가만히 보니 5종류 혹은 5가지 색깔의 파동들이(오행천간五行天干) 흘러나오더라. 광대무변한 기파氣波 혹은 양자 장의 파동들이 암흑에너지 바다를 이루고 있는 가운데, 일부 파동들이 서로 중첩되고 뭉치면서(양자 장의 요동을 통해서) 암흑물질

---

24) 프리초프 카프라, 《현대 물리학과 동양사상》, 이성범, 김용정 역, (범양사, 2010), p.340

을 형성한다. 이는 지장간地藏干이 모여 형성되는 지지地支로 의제해 볼 수도 있겠다. 지지를 암흑물질이라 하는 것은 지지 자체만으로는 아직 어떤 물질 형태를 갖추지 못하고 있기 때문이다. 이 지지에 다른 파동들(오행천간五行天干)이 모자와 같이 덧씌워질 때 즉 물리 영어로는 246GeV의 Higgs장이 형성되는 그 순간 물질 입자의 형태를(干支) 갖추게 된다고 설명할 수 있지 않을까?[25]

  오제 시대와 하, 은 왕조 시대에는 음양을 논하지 않았다. 오행을 최고 상승 원리로 설정하였을 뿐이다. 그 당시에는 음양을 몰랐을까? 그 음양에서 오행이 파생되어 나온다는 것을 몰랐을까? 우리가 고서에서 보면, 우주 만물은 율려律呂로 이루어졌다고 하였다. 율려律呂가 무엇인가 리듬, 파동이 아닌가? 이는 곧 우주가 물질 알갱이가 아니라 그 이면에 숨겨져 있는 파동으로 이루어져 있다는 것을 알았다는 것이다. 파동설波動說과 기설氣說을 너무나 잘 이해하고 있어서 새삼 파동-입자 논쟁조차 벌일 의미가 없었을 것으로 추측된다.

  그리고 음양이란 곧 파동 자체를 의미하는 것이 아닌가. 파동의 너울 궤적, 파동 곡선 그 자체가 곧 음양인 것이니 새삼 더 이상 논할 필요를 느끼지 못하였을 것 같다. 파동 곡선의 오르막을 양, 내리막을 음이라 하든, 기준선을 긋고

---

25) 해리 클리프, 《다정한 물리학》, 박병철 옮김, (다산사이언스, 2022), p.377

그 윗부분을 양, 아랫부분을 음이라 명명하든 간에 음양은 일체로서 파동 그 자체를 의미하는 것이다. 여기에 태양/달, 남/여, 양전하량/음전하량, 봄·여름/가을·겨울, 온난/한랭의 구분은 음양과는 직접적인 연관성은 없는 것이다. 다시 말하면, 음양陰陽이란 곧 파동波動 그 자체를 말하는 것이다. 그리고 五行이란 음양陰陽의 너울(波)로 이루어진 서로 다른 특성을 지닌 파동체波動體들인 것이다. 따라서, "우주 삼라만상은 음양오행으로 이루어져 있다."라는 동양 현자들의 오랜 기간 변함없이 굳건한 믿음은 곧 우주는 오행기라는 파동으로 이루어져 있다는 말과 같음이다.

2.
오행(Five Waves)과 입자표준모형 (the Standard Model of Particle)

우리는 앞에서 오행(Five Waves)을 서로 다른 속성을 가지는 5가지 파동체로 가정하여 보았다. 물리학자들의 열망이 단일한 원자 위에 만물을 쌓기를 원한다고 하지만, 파동은 진폭, 파장, 주파수와 같이 단순한 물리적 차이가 아닌 파동 간에 예를 들면 색깔, 맛 등 근본적인 차이가 나는 5가지 종류의 파동이고, 탈레스나 동양의 고대 현자들은 이러한 사실을 직관하여 4원소설 오행설을 주장하였던 것은 아닐까 생각해 본다.

이러한 가설에 입각하여 5종류의 파동 즉 오행을 분류해 볼까 한다. 입자표준모형과 오행의 속성을 비교하여,(〈도표 25〉 참조)

u쿼크(전하량 2/3)를 木 blue,
d쿼크(전하량 -1/3)를 金 white,
렙톤 e-(전하량 -1)을 火 red,
렙톤 Ve(전하량 0)를 水 black,
힘들을 매개하는 보손Bosons(전하량 0)들을 土 yellow
로 비유해 볼 수 있을 것 같다.

이러한 오행파들의 결합체인 기본입자들이 결합하여 아래와 같이 양성자, 중성자 입자를 만들고, 양성자와 중성자를 결합하여 원자핵을 이루며 여기에 렙톤 파동 입자가 결합해 원자를 생성하게 된다. 양성자, 중성자 원자핵의 결합에는 土氣의 보손 중 gluon(강핵력의 매개자), W/Z가 개입하고 렙톤을 원자핵에 붙이는 것에는 보손 중 포톤(photon)이 개입하게 된다. 이를 정리하면 다음과 같다.

〈오행五行과 원자原子〉

P(양성자)=uud=2/3+2/3-1/3=1
- 양성자는 목+목+금+결합매개자 토, 전하량+1

N(중성자)=ddu=-1/3-1/3+2/3=0
- 중성자는 금+금+목+결합매개자 토, 전하량 0

원자핵=양성자(+1)+중성자(0)+결합매개자자 토(0), 전하량:+1

원자=원자핵(+1)+렙톤 火氣전자(-1)+기타 렙톤 水氣(0)+결합매개자 토(0), 전하량 0

양성자는 목+목+금+토하여 本氣 혹은 主氣의 개념을 대입하면 대표적으로 木의 속성을 가지게 되고, 중성자는 금+금+목+토하여 金의 대표 속성을 띠게 된다. 그리하여 목과 금의 페르미온(Fermion)은 물질 구성의 기본이 되며 여기에 렙톤(Lepton)인 火와 水가 결합되어 전하량 0의 안정적인 입자 원자가 생성되는 것이다.

　이는 또 한편으로 뒤에서 다루겠지만, 목기와 금기와 화기는 사주가 존재자로서 성립하기 위한 필수 요소라 할 수 있는 것이다. 그리하여 만일에 사주 원국에 목, 금, 화의 오행기가 안 보이면 허수 공간에 가지고 있다고 상정해야 할 필요성이 있다.

　이상에서 우리는 음양과 오행이 현대 물리학의 성과와 맞닿아 있을 가능성을 크게 점쳐 볼 수 있다. 물론 이를 검증하는 과정이 남아 있긴 하나(이 또한 명리학의 향후 과제이기도 할 것이다), 일단 동양에서 고대에서 근대 초까지를 관통하여 내려온 자연, 인문, 사회철학의 핵심이었던 음양과 오행 사상이 상당한 현대 물리학적 근거를 가지고 있어 보이며 단순한 미신으로 치부할 수는 없게 되었다는 것을 알 수 있다. 이것이 프라초프 카프라가 그의 저서 《현대 물리학과 동양사상》에서 "동양의 신비가 물리학에 의하여 검증되고 있다."라고 말한 것과 일치하는 것이다.

3.
오행과 생명의 관계

　우리는 앞에서 '플랑크 홀'(Planck Hole)에서 5가지 종류의 무형의 氣가 나오고 이 氣의 波動들이 넘실대는 광대무변한 바다가 '암흑에너지'(Dark Energy)이자 우주 만물의 근원을 이루며, 이 파동들이 중첩되고 결합되어 '암흑물질'(Dark Matter)을 이루며 여기에 다시 암흑에너지의 파동들이 덧씌워져 '입자'(Matter)가 생성되며 암흑에너지, 암흑물질, 그리고 입자의 구성비가 각각 68%, 27%, 5%라는 가정을 살펴보았다.

　그리고 오행 중 순수 木氣가 응집되어 u쿼크를, 순수 金氣가 d쿼크를, 순수 火氣가 렙톤 전자 e-를, 순수 水氣가 Ve를, 土氣가 보손의 gluon, W/Z, photon, 중력자로 비유할 수 있으며, 이 미립자들 즉 오행기들이 이합집산을 거듭하여 안정적인 입자 물질인 原子를 만들어 낸다. 그리고 원자는 木氣+金氣(페르미온)와 火氣+水氣(렙톤)와 결합매개자인 土氣(보손)로 이루어져 있다는 가정도 살펴본 바 있다.

　물리 화학의 연구에 의하면, 소립자(다섯 종류의 파동체들로 이루어진)들이 있어서 원자를 구성하고 이들이 상호 작용하여 전하량 0의 안정적이고 다양한 원자들을 생성시킨다.(현재까지 원소 주기율표상 약 100여 종의 원자들이 발견된 것으로 알려져 있다.) 그리고 다시 이러한 원자들이 상호 작용한 결과로 만물이 생성되는데, 그 각각은 이 원자들의 배열 상태配列狀態에 따라 구별된다고 한다.

따라서 어떤 물질을 구성하는 원자들의 배열 조합配列組合과 그 조합에 관한 정보情報가 중요한 문제로 부각될 수밖에 없고 이 정보론은 물리학의 핵심으로 부상하고 있다. DNA의 존재를 예견한 슈뢰딩거의 혜안은 어쩌면 당연한 논리적 귀결인지도 모른다.

예를 들어 암석은 환경 조건에 따라 그때그때 생성되고 그 구성이 지극히 안정적이라 세월에 따라 엔트로피의 흐름에 따라 마손되어 가면 될 것이나, 생명체라는 것은 상대적으로 복잡하고 안정성이 떨어져 본래 기능의 효율성을 유지하기 위해 좀 복잡한 전략을 필요로 한다. 그 전략서가 소위 DNA라는 것이며, 여기에 원자들을 어떻게 배열하고 조합하라는 정보와 명령문이 담겨 있다. 그리고 DNA에 속에 있는 정보를 훼손과 오류로부터 지키기 위해 많은 생명체 종들이 택한 전략이 교차 복제 전략이며 유효 기간(수명)의 설정이다.

따라서, 명리학 예측의 삼대 요소(귀천貴賤, 빈부貧富, 수명長妖) 중 수명의 장단은 유전자 정보 즉 원자 배열조합 정보와 밀접한 관련을 가지고 있는 셈인 것이다. 그리고 이 '원자 배열 조합정보'라는 개념은 비운의 물리학자 볼츠만의 엔트로피(Entrophy) 이론과 밀접한 관련을 가진다. 다시 개념을 확장하면 물질物質과 생명生命이라는 것은 특수한 형태의 원자 배열 조합을 지칭하고, 이는 곧 엔트로피의 어떤 특정한 상태를 지칭하는 것이다.

 엔트로피는 원자의 배열 조합이 무질서한 정도를 가리키는 개념으로 무질서의 정도가 높을수록 High 엔트로피라 하고, 무질서의 정도가 낮을수록 Low 엔트로피라고 한다. 이는 간단한 예로서 설명하면, 뜨거운 물과 차가운 물이 중앙 분리막에 의하여 완전 분리되어 있는 비커의 분리막을 제거하면 뜨거운 물과 차가운 물이 섞이면서 열평형 상태로 진행하게 되는데, 두 물이 완전히 섞인 상태 즉 열평형이 완전히 이루어진 상태를 최대 High 엔트로피 상태라고 한다.

 이를 다시 말하면 저엔트로피에서 고엔트로피로 진행한다는 것은 일을 한다는 것이며, 일을 한다는 것은 그만큼 열량, 에너지의 소모가 있었다는 것이다. 따라서 저엔트로피의 정도가 크면 클수록 일을 할 수 있는 역량 즉 잠재된 에너지가 크다는 것을 의미한다.

 저엔트로피에서 고엔트로피로 진행하는 것은 열역학 제2법칙으로 만일 우주에서 진리를 딱 하나만 꼽으라면 이 엔트로피 법칙이 될 정도로 순천順天이다. 그러나 물질이나 생명은 이 법칙에 저항하는 것을 본질로 하고 있다. 그래서 앞 장에서 설명했듯이 생명의 본질은 역천逆天인 것이다. 비록 결과적으로 불가능할지라도 끊임없이 역천을 도모하는 것이 진정한 생명의 길인 것이다.

1990년대 이후 수많은 과학자들의 논쟁을 거쳐서 미국 항공우주국 NASA는 전 우주에 혹시 존재할지도 모를 모든 생명체에 광범위하게 적용할 수 있는 생명에 대한 정의를 새롭게 내렸는데, 'A self-sustaining chemical system capable of Darwinian evolution, 다윈적 진화가 가능한 자립형 화학적 시스템'이 그것이다.[26]

즉, 진화 능력의 유무가 물질과 생명을 구분하는 기준인 것이다. 따라서 단순한 자기 복제만으로는 생명이라 할 수 없는 것이다. 환경의 변화에 따라 대응하고 변화하려는 자가 곧 생명인 것이다. 이는 생명의 본질이 끊임없이 역천을 꿈꾸고 시도하는 것이라는 말과 일맥상통한다 하겠다. 그리고 생명 진화의 방향은 역천 즉 역엔트로피 방향이어야만 한다는 것을 강력히 시사한다.

한국 자연 과학계의 선구자인 장회익 선생은 생명의 진화에 대하여, 어떤 한 차원의 현상이 어느 정도 양적 성장을 이룩하면 필연적으로 이보다 한 차원 높은 새로운 단계로의 질적 변화 즉 메타Meta화가 일어나며, 그 방향성은 자유에

---

[26] 정우현, 《생명을 묻다》, (이른비, 2022), p.61

너지를 높이는 즉 역엔트로피 방향으로 진화한다고 갈파한 바 있다.[27]

이는 우주의 진화가 유니버스(Universe)에서 메타버스(Metaverse)로 이행함을 의미하는 것이고, 역으로 말하면 메타버스로 이행하지 못하는 생명은 엔트로피 법칙에 의하여 종말을 맞이한다는 것을 의미하기도 한다. 동양의 현인들이 고래로 끊임없이 도道와 도덕적 이상향道德的理想鄕을 추구해 왔던 것은 이러한 메타버스로의 도약을 꿈꾸는 생명의 본능에 말미암음이라 하겠다.

장회익 선생은 이어서 Meta화의 본질은 정보의 양과 질을 높이는 것에 있는데, 생체정보를 담고 있는 내장형 정보 저장소인 DNA의 개발로부터 문화文化라는 형태로 외장형 저장기를 발전시켜 온 인류의 노력을 예시하고 있다. 명리학은 우주와 생명의 근원적인 정보를 코딩하고 해석하고 예측하는 점에서 생명의 Metaverse적 진화의 선두에 서 있다고 할 만하다. 그리고 신법 명리학의 탐색 행위는 명리학 자체를 더욱 Meta화하는 시도일 것이다.

그리고 일부 학문 분과처럼 영성靈性이나 의식意識의 존재 여부로 생명과 물질의 구분, 더 나아가 고등생물과 하등생물을 구분하는 것은 자의적이고 편향적일 가능성을 내포하고 있다. 그러나 명리학은 오로지 오행기의 상태를 통해

---

27) 장회익, 《과학과 메타과학》, (지식산업사, 1990)

서 그 구분의 표준을 삼고자 노력하고 있다. 자의적 판단이나 자기설계는 최대한 피하고자 하는 것이다.

한편, 최근 물리학의 한 연구는 우주는 에너지 다발들의 층(LAYER)으로 이루어져 있다는 것이다. 그렇다면 우주는 오행기의 다발들이 거미줄처럼 엉겨 있고 교차 중첩이 반복되면서 암흑물질 나아가 물질 입자가 생성되고 원자들이 다시 결합하여 만물을 만들어 나가는 구조로 추론해도 무방할 것이다. 물질 입자란 마치 오행기의 다발들에 매달려 있는 과일처럼 상상해도 될 것이다. 이처럼 물질은 오행의 기의 다발들로 직접 구성되는바, 그 물질의 속성은 그 물질의 구성에 관여한 오행기들의 속성으로부터 영향을 받을 것이라는 가정을 해도 크게 무리는 아닐 것이다.

오행기들이 상호 작용하여 생명이 탄생하고 그 순간에 그 생명체의 오행기들의 저低엔트로피(유효 엔트로피 혹은 자유에너지) 수준이 결정될 것이다. 동양의 현자들은 이를 선천기先天氣라고도 불렀다. 생명은 이 선천기가 다하면 최대 엔트로피에 도달하여 그 수명을 마친다. 그래서, 생명체는 선천기先天氣의 소모를 최소화하고 오래 늘여 쓰는 그 나름의 전략을 취하려 할 것이다. 이를 물리학 용어로는 Negative Entropy라 하며 Negentrophy라 줄여 쓰기도 한다. 가장 보편적인 방법은 먹이사슬처럼 자연계에 있는 후천기後天氣를 활용하는 방법일 것이며, 미래에 올 보다 진보적인 방법은 오행기를 어떻게 다루느냐로 귀결될 것이다.

여기서 우리는 "생명이 잉태될 때 혹은 태어날 때, 그에 관여했던 오행기가 그 생명체의 현상과 운명에 우주 통계적으로 영향을 미칠 것이며, 그 생명체의 수명 기간 내내 주위 환경의 오행기가 영향을 줄 것이다. 그리고 생명은 지속적인 진화 즉 Negentropy를 지향한다."라는 조심스러운 가정을 도출해 볼 수 있겠다.

동양의 고대 현인들은 개인의 잉태 혹은 출생 시의 시간 간지 부호로서 개인의 탄생에 관여하였던 오행의 기를 나타내고, 사람이 생존하는 동안 영향을 미치는 환경에 관여하는 오행 기의 흐름을 流運 체계를 통하여 나타낼 수 있다고 믿었으며 수많은 통계적 고증을 남겨 놓았는데, 이것이 명리학의 형성 발전에 지대한 기여를 하였다.

생명과 사주의 기본 구성 요소

오행기가 상호 작용하여 원자와 물질과 생명을 이룬다. 이를 다시 환원주의적으로 분석해 들어가면 생명과 물질의 기본 단위는 원자이며, 원자는 기본적으로 양성자, 중성자, 전자로 되어 있고, 양성자와 중성자는 u쿼크와 d쿼크로 이루어져 있다. 즉 생명의 구성에는 u쿼크, d쿼크, 렙톤 전자가 필수 요소이며 결합자 보손과 필요에 따라 여러 미립자들이 작용하는 것이다.

 우리는 사주란 곧 생명의 기를 반영한 부호 체계란 것을 알고 있다. 따라서 생명의 구성 요소를 사주 체계에 적용하면, 사주의 필수 요소는 u쿼크(木), d쿼크(金), 전자(火)와 결합매개자 보손(土)이라는 것을 알 수 있다. 경우에 따라 각종 미립자(水)가 필요하기도 하다.

 그리고 사주의 기본 구성은 납음오행 즉 간지를 통으로 보는 것이 타당할 것이다. 사주가 성립되기 위해서는 납음오행 목, 금, 화, 토가 필수적으로 필요하다. 그런데 만일 사주에 이러한 오행기 중 일부가 빠져 있으면 어떻게 되는가? 그러면 태주胎柱를 봐야 한다. 태주까지 봤는데도 없으면 어찌 되나?

 목, 금, 화, 토의 오행기가 작용하지 않는 생명, 사주는 존재할 수가 없다. 눈으로 안 보인다는 것은 어딘가에 감추어져 있다는 것이다. 감추어진 오행기를 위해 현인들은 허자虛字, 허주虛柱라는 개념을 도입하였다.

 양자론에서 터득하였듯이 물질은 단순 4차원적 시공에만 존재하는 것이 아니다. 5차원 이상의 다차원에 걸친 뭔가의 신비가 깊숙이 관여하고 있는 것이다. 허자虛字, 허주虛柱는 4차원의 시공간에서 우리의 감각 기관으로 인지해 낼 수 없는, 5차원 이상의 차원에서 사주에 깊숙이 관여하고 있는 오행기를 나타내는 개념인 것이다.

예를 들면,

時柱	日柱	月柱	年柱	
乙	己	壬	壬	
亥	酉	子	寅	
山頭火	大驛土	桑拓木	金箔金	納音五行

위 사주는 사주 자체만으로 목, 금, 화, 토를 다 갖추고 있다.

胎柱	時柱	日柱	月柱	年柱	
戊	甲	庚	丁	乙	
寅	申	午	亥	亥	
城頭土	井泉水	路傍土	屋上土	山頭火	納音五行

이 사주는 년월일시의 사주만 놓고 보면 목과 금이 결여되어 있다. 따라서 태주를 보니 태주에도 목과 금이 없다. 이 경우, 이 사주는 木과 金의 오행기를 허자虛字 아니 허주虛柱로 가지게 되고, 이 허주虛柱 풀이를 해 주어야 한다.

허자虛字는 수학의 복소수 공간상의 허수虛數 개념과 밀접한 관련이 있을 것이라고 생각한다. 복소수 공간은 4차원을 넘는 보다 고차원의 공간이다. 따라서 현재 인간의 감각기관, 인식 체계로는 감지해 낼 수 없고, 수학처럼 수數라는 상징체계를 통해서만 가능하고 특히 명료한 이해를 위해서는 뭔가 신비라고 표현할 수밖에 없는 그 어떤 신비적 체험을 필요로 한다.

이는 양자 물리학에게도 마찬가지일 것이고, 신법 명리학이 나아갈 여정이 아닐까 생각된다.

자유의지 문제

양자론에서 의식과 자유의지自由意志의 문제는 '양자 중첩' 현상에서 대두한다. 뉴턴의 결정론에서는 자유의지가 개입할 여지를 원천적으로 남겨 두지 않지만, 양자 중첩에서는 광자가 들어 있을지도 모를 이 상자와 저 상자를 선택할 관찰자적 자유의지의 개입을 허용하고 있으며, 그 선택에 의해 미래의 현상 결정뿐만 아니라 과거 사실의 역사적 재구성이 이루어지는 것이 이론적 귀결이다.

또한, 뉴턴의 결정론에서조차도 자유의지 자체를 부인하는 것이 아니라 이를 과학에서 다루지 않고 종교나 철학의 영역으로 미루어 두는 것일 뿐이다. 그리고 대다수의 종교와 철학은 인간에게 자유의지를 부여하고 있는 실정이다.

그렇다면 자유의지와 그에 기반한 의식은 어디에 존재하고 있는가가 사람들의 의문이다. 과학은 뇌 존재설을 비교적 강하게 긍정하고 있으며 종교와 철학, 도학은 영혼, 마음에 의식이 실재하고 있다고 한다. 그리고 "의식=나"라는 개념을 공통 기반으로 두고 있는데, 따라서 과학은 뇌사를 본인의 사망으로 진단하고 있고, 종교와 철학계에서는 비록 뇌사 상태라도 영혼이 머무르고 있으면 사망이 아니라는 입장을 취하고 있다.

그러면 명리학의 입장은 어떠한가? 명리학은 오행들이 어우러져 펼쳐지는 사주팔자 원국의 구조(structure)를 나라고 간주하고 그중에서 년간年干 혹은 일간日干을 나의 대표로 삼고 있다. 즉 본원적으로 사람을 오행의 코드 조합과 조합이 결성될 당시 선천적으로 부여받은 '마이너스 엔트로피'의 정보 조합으로 인식하고 있는 것이다. 그리고 의식이나 자유의지는 이 조합의 구조에서 파생되는 홀로그램과 같은 것으로 간주하고 있는 것이다.

따라서 명리학에서 사람의 사망은 이러한 정보 조합에 치명적 결함이 발생하거나(예를 들면, 류운이 들어오면서 일주나 용신이 충을 당했다든지…) 혹은 마이너스 엔트로피가 고갈되어 임계치를 상회하는 고엔트로피 상태(예를 들면, 류운에서 12운성이 묘 혹은 절, 12신살이 화개 혹은 겁살의 상태에 든다든지…)에 도달할 경우 사망에 이를 위험 확률이 높다고 예측하고 있으며 이는 2천여 년의 빅 데이터를 통해 검증되고 있다.

최근 "우주는 정보의 배열 조합"이라는 물리학 연구 성과가 있으며, 점차 학계의 지지를 얻고 있다고 한다. 그렇다면 사람 또한 DNA, 사주팔자 등 정보의 배열 조합이며 이 배열 조합이 잘 유지되는 한 본인의 영속성이 유지되는 것과 다름없을 것이다. 만일 이 정보 조합이 임계치를 상회할 정도로 코드가 악성화된다면 아마도 자폭 기제가 발동할 것이다.

혹은 정보 조합이 잘 보존될 수 있다면, 사망 후에라도 적절한 마이너스 엔트로피와 환경이 확보되면 재생도 가능할 것이라 상상할 수 있겠지만, 그때 구체적인 시공과 차원을 지배하고 있는 오행의 작용이 어떤 영향을 행사할지는 아직은 미지수이고 명리학계의 연구 과제라 할 것이다.

4. 십신론十神論의 정正, 편偏 문제와 물리학의 SPIN

　주지하듯이 십신론, 십성론은 간지干支의 상대적 관계, 특히 일간과 여타 천간, 일간과 지지 간의 관계를 주로 다루는데, 陽과 陰의 관계를 正으로 보고, 陽과 陽 그리고 陰과 陰의 관계는 偏으로 본다. 그래서 10성은 다음과 같다.

正의 관계: 〈비견比肩〉, 〈식신食神〉, 정재正財, 정관正官, 정인正印
偏의 관계: 〈겁재刦財〉, 〈상관傷官〉, 편재偏財, 편관偏官, 편인偏印
- 비견과 겁재, 식신과 상관은 서로 반대로 간주하고 있다. 즉 비견과 식신은 양과 양의 결합(偏)이지만 양-음 결합(正)으로 간주하고, 겁재와 상관은 양과 음의 결합(正)이지만 양-양 혹은 음-음 결합(偏)으로 간주한다.

　이렇게 正과 偏으로 구분하는 이유는, 같은 오행기라도 양(+), 음(-) 전하電荷의 상이함에 따라 양의 간지와 음의 간지로 구분되는 것으로 본 결과인데, 이 책의 앞부분에서 서로 다른 오행기 간의 전하의 양(+)과 음(-)은 있어도, 같은 오행기 속에서는 전하의 양과 음 구분은 성립하지 않음을 설명한 바 있다. 그렇다면, 정, 편을 구분하는 근거가 없어지는 것이며, 실제로 명리가에 따라 재성이나 인성 등 일부 십성에서는 굳이 정, 편 구분을 하지 않는 경우도 있다.

正, 偏 구분을 하는 또 하나의 이유는 정正은 吉神, 편偏은 凶神으로 간주하는 경향과 밀접한 관련이 있다. 그래서 편의 관계는 겁刦, 살殺, 효신梟神 등으로도 불리는데, 벌써 이름 자체부터 흉험하다. 아마 이러한 배경에는 오행의 엄밀한 상호 작용의 자연율적 논리보다는 유교 사회의 도덕률이 개입하였을 여지도 있고, 강剛-유柔의 결합을 이상적으로 보는 사회 분위기와도 연관이 있을지 모르겠다. 그리고 이 강剛-유柔 결합은 60간지 시스템의 배타성 규칙에도 모순된다.

필자는 양간-음간, 양지-음지의 구분을 전하의 양, 음 구분 때문이 아니라 아마도 Spin 방향의 구분 때문일지도 모른다는 것을 앞에서 논술한 바 있다. 하지만 물리학에서 전자기학(Electronics)이 발전한 지 이미 100년을 넘고 있으나, 스핀학(Spintronicx)은 초기 단계라 양과 음의 간지 구분의 이유에 대해서는 모호한 입장이다.

따라서, 상당한 연구 성과가 나오기 전까지 10신론을 보류하고, 신법 명리학의 모색시 오행 간의 상호 작용에만 초점을 맞추어서 5신론五神論으로 운영해 보는 것이 타당한

면이 있다고 생각한다. 그리고 현재 강호에서 벽해명리碧海命理파 등 실제로 오신론으로 간명하는 유파들도 있어 여기에 그들의 견해를 간단히 소개하고자 한다.[28]

오신五神은 인수印綬, 비견比肩, 상관傷官, 처재妻財, 관살官殺로 분류된다.

(1) 인수印綬: 나를 生하는 자 즉 내가 그를 설洩하는 자는 인수이며 줄여서 인印이라고 한다. 예를 들어 '나'는 金이면 土가 인수이다.

(2) 비견比肩: 나를 돕는 자는 비견이며 줄여서 비比라고 한다. 예를 들어 '나'는 金이면 金이 비견이다.

(3) 상관傷官: 내가 生하는 자 즉 나를 설洩하는 자는 상관이며 줄여서 상傷이라고 한다. 예를 들어 '나'는 金이면 水가 상관이다.

(4) 처재妻財 : 내가 극하는 자 즉 나를 소모시키는 자는 처재이며 줄여서 재財라고 한다. 예를 들어 '나'는 金이면 木은 처재이다.

---

[28] 지앙한,《벽해명리통해》, 차오징 역, 곽노전 감수, (지성과 감성#, 2023)

(5) 관살官殺: 나를 극剋하는 자 즉 내가 그를 소모시키는 자는 관살이며 줄여서 살殺이라고 한다. 예를 들어 '나'는 金이면 火가 관살이다.

오신과 사유방식

(1) 인수印綬: 이성적인 사유, 논리적임, 교양, 사고력, 명예심, 깊은 생각 / 허영심, 통제욕, 우유부단함을 상징한다.

(2) 비견比肩: 사교적 사유, 조직력, 우정, 성실, 책임, 과감 / 독단, 경솔, 무모함을 대표한다.

(3) 상관傷官: 감성적 사유, 총명, 영성, 지혜, 융통성, 통찰력 / 완물상지(잡기, 좋아하는 것에만 푹 빠져서 원대한 이상과 포부를 잃어버리다), 게으름, 감상적임.

(4) 처재妻財: 실용적 사유, 안정성 지향, 실행력, 목표감, 원가의식 / 이해타산, 근시안, 고루한 보수성을 대표한다.

(5) 관살官殺: 신중한 사유, 기술력이 강함, 전문적임, 자율 / 의심, 불신, 스트레스를 상징한다.

오신과 인간관계

(1) 인수印綬: 부모님, 어른, 선생님, 조부모님, 계부모님, 사부님, 귀인 등 나를 보호해 주는, 생해 주는 모든 사람을 상징한다.

(2) 비견比肩은 형제, 자매, 친구, 절친, 파트너, 경쟁자, 팀 등 나를 돕거나 나와 경쟁하는 모든 사람.

(3) 상관傷官: 후배, 학생, 출가자, 예술가, 음악가, 친구 등 내가 바쳐야 할 모든 사람. 여성에서는 특히 자녀, 손자, 손녀 또는 자녀의 또래를 가리킨다.

(4) 처재妻財: 직원, 하인, 가정부, 요리사, 집행관, 재무 인원, 판매원 등 나의 위탁을 받은 모든 사람. 남성 사주에서는 특히 아내, 여자친구, 애인, 이성 등 사랑스러운 감정을 가진 사람을 가리킨다.

(5) 관살官殺: 상사, 사장, 실장, 교관, 경찰, 변호사 등 나를 억압하고 제한하는 모든 사람. 여성 사주에서는 남편, 남자친구, 애인, 이성 등 사랑의 감정을 가진 사람을 가리키고, 남성 격국에서는 자녀, 손자, 혹은 자녀의 또래를 가리킨다.

오신과 업무 특징

(1) 인수印綬: 전략적, 계획적, 광고선전, 문안 작성, 이미지 등

(2) 비견比肩: 팀워크, 주관적 능동성, 개인 담당, 소셜 커뮤니케이션 등

(3) 상관傷官: 감정적 교류, 독특한 아이디어, 전술적 영역, 문제 해결 등

(4) 처재妻財: 목표추구, 실시 결과, 구매 및 판매 조사연구, 손익계산 등

(5) 관살官殺: 엄격한 원칙성, 기술 중시, 경험 중시, 자기 절제 등

5. 12운성과 물리학

  명리 이론 중에서 그럴 듯하면서도 활용도가 상대적으로 낮은 것이 12운성이다. 웬만한 명리 고전에는 대부분 소개되고 있으나 그 저서 내에서조차 흐지부지되어 버리고 마는 이론 체계이다. 아마도 전승되어 내려오는 이론이긴 한데 그 형은 남았으나 개념과 활용법이 실전된 것이 아닌가 생각된다.

  천간은 천간끼리, 지지는 지지끼리 충돌하고 합하는 것이 일반적인데, 12운성은 천간과 지지 간의 관계의 정도를 나타내는 개념이다. 이는 또한 일간과 각 지지 간의 인연 관계를 논하는 십성론과는 또 다른 개념이다. 일간과 각 지지의 관계뿐 아니라, 각 柱에서 천간-지지 간의 관계의 정도를 생명체의 잉태-출생-성장-쇠락-사망-절연에 이르는 과정에 비유하여 논하고 있다. 또 뒤에서 설명하겠지만 납음오행과 지지 간의 관계도 있다. 따라서 사주에는 총 3가지 유형의 12운성이 도출될 수 있는데, 일간과 년월일시 지지, 각 주내의 천간 지지, 각 주의 납음오행과 그 주의 지지와의 관계가 그것이다.

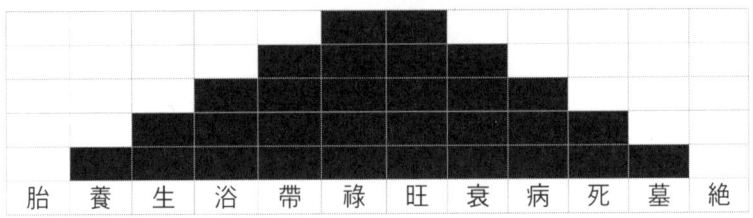

도표 26 12운성표과 유효 엔트로피 관계도

앞에서 지지는 암흑물질의 상태이며 여기에 오행의 기가 덧씌워질 때 비로소 입자가 생성된다고 설명하였다. 천간 오행의 파동과 지지의 파동이 결합될 때, 파동이 중첩하면 극단적으로는 100% 증폭되거나 소멸되는데, 그 중첩의 결과가 어떠한가를 파악하여 표시하고자 한 것이 12운성법이라고 볼 수도 있다. 100% 증폭된 상태를 제왕, 소멸된 상태를 절로 생각해 볼 수 있는 것이다. 이를 그래프로 나타내면 다음과 같다.

그러면 위 도표에서 12운성의 각 상태들은 도대체 무엇을 의미하는 것인가? 우리는 앞에서 생명 활동과 엔트로피 간의 상관관계를 살펴본 바가 있다. 오행기의 결합에 의해 입자나 생명체가 잉태하거나 탄생하는데, 이때 엔트로피의 상태가 결정된다. 그리고 오행기는 저엔트로피 상태에서 고엔트로피 상태로 전이해 나가는데, 임계점에 다다르면 그 수명을 다하게 된다. 그 전이의 속도는 입자나 생명체의 전략과 방식에 따라 다르나 모두 불가역적으로 진행된다.

　탄생 시 부여받은 엔트로피의 정도와 최대 엔트로피 사이의 엔트로피 간극이 활용할 수 있는 에너지원 즉 유효 엔트로피가 될 것이다. 또 갖고 태어나는 유효 엔트로피의 정도, 일종의 달란트가 개체마다 같지는 않을 것이다. 달란트가 많으면 좀 더 활기차게 오래 활동할 여력이 있을 것이고, 달란트가 적으면 아껴 쓰거나 선택과 집중을 잘해 가며 보다 전략적인 생존 전략을 도모하여야 할 것이다. 그리고 우리가 사주로 상징되는 네 가지 주요 오행기 중 유효 엔트로피 정도가 가장 큰 오행기에 의존하여 생존전략을 계획해야 하는 것은 지극히 당연할 것이다.

　한편, 이 유효 엔트로피의 정도를 12운성 개념으로 표현할 수 있으며, 이를 숫자로 측정할 수도 있을 것이다. 그리고 류운으로 다가오는 대운과 세운의 유효 엔트로피 또한 개체의 환경 변수로도 크게 작용할 것이다.

도표 27 12운성의 유효 엔트로피 스케일링(Scailing)

有效 엔트로피 scale	12運星	
6	祿	旺
5	帶	衰
4	浴	病
3	生	死
2	養	墓
1	胎	絶

· scale 수가 클수록 유효 엔트로피의 강도가 높다.

6.
명리학命理學과 양자론量子論

　1920년 전후, 코펜하겐 해석을 필두로 탄생한 양자론量子論의 주요 특징은 우주 만상이 아날로그(Analogue)가 아닌 디지털(Digital)적이며 또한 확률 함수적으로 이루어져 있다는 것이다. 이에 대해 아인슈타인은 "신은 주사위를 던지지 않는다."라며 확률론적 세계관을 받아들이지 않으려 했다는 스토리는 너무나 유명하다.

　사람들이 제대로 느끼지 못하는 사이에 세계는 닐스 보어를 경계로 결정론적 세계와 확률론적 세계로 나누어진다. 아마도 후대에 인류 역사상 가장 커다란 전환점이 무엇이냐고 한다면, 코페르니쿠스적 전환보다 닐스 보어적 전환 혹은 코펜하겐적 전환을 첫손에 꼽을지도 모른다.

　사람들은 명리학이 운명 결정론적이어서 틀렸다고 비판한다. 사주팔자가 똑같은 쌍둥이의 운명은 똑같을 수밖에 없단 말인가? 사람의 운명이란 그 사람의 처한 환경과 그의 의지와 노력 여하에 따라 얼마든지 다를 수 있지 않느냐며 그래서 자신은 명리학을 믿지 않노라고 당당하게 얘기한다. 그런데 아는가, 당신의 그러한 이야기조차 결정론적 세계관의 범주에 있음을.

사실 우리는 양자론과 확률론적 세계의 진정한 오의奧義를 모르고 있다. 어쩌면 이는 4차원적 사고로는 도저히 이해할 수 없는 영역일 것이다. 우리는 천재 아인슈타인의 인도로 겨우 4차원적 사고의 영역 속에 발을 들여놓고 있는 단계이다. 양자론적 세계는 아마도 5차원 이상의 사고가 가능해야 그 오의를 제대로 깨달을 수 있지 않을까 싶다. 그전엔 다만 수학적 모델을 통해서 양자론적 세계를 맛볼 수 있을 뿐이다. 명리학 또한 부호 모델을 사용하여 신비적 운명의 세계를 탐구한다. 그런 면에서 양자론적 오의에 근접할 수 있는 유력한 학문 중의 하나라고도 볼 수 있다. 그리고 **명리학과 물리학의 호환 연구**를 통하면 어쩌면 우리는 그 세계로 더욱 가까이 다가갈 기회를 잡을지도 모른다.

명리학 즉 오행의 세계를 3차원적 사고로 바라보면 우리는 고법 시대古法時代에 있는 것이고, 4차원적 사고로 들여다볼 때 금법 시대今法時代에 있는 셈이다. 아마도 우리가 5차원 이상의 사고를 하게 되면 '신법新法 명리학命理學 시대時代'에 진입하게 될 것이다.

하지만 사고의 차원 점프는 그냥 오는 게 아니다. 아인슈타인의 노력으로 상대론적 세계를 접하고, 코펜하겐 그룹의 노력으로 비록 수학 모델을 통해서지만 양자론적 세계를 맛볼 수 있게 된 것이다.

신법 명리학 시대 또한 수많은 명리가들의 노력과 헌신에 의해서 그 구체적인 모양을 갖추어 나갈 것이다. 그 초기의 시도는 양자론의 수리 모델처럼 '명리학의 신법 모형'에 대한 탐구로부터 이루어질 것이다.

7. 신법 표준 모형 탐색

가설假說

(1) 사주팔자의 근본은 양자적量子的이며 확률론적確率論的임을 항상 인식한다.

(2) 사주팔자의 주체로 단순히 일주日柱, 일간日干을 삼는 것이 아니라 각 주柱의 원기元氣가 가장 상한, 즉 12운성 유효 엔트로피의 scale이 가장 큰 주를 삼는다. 이를 **본주本柱**, **본간本干**이라 한다.
- 그 이유는 당연히 달란트가 가장 큰 오행기를 자신의 본체로 삼고, 본인과 가장 합이 맞는 지지의 오행기를(격령) 주무기로 삼는 것은 지극히 당연한 생존전략일 것이다.

(3) 격국은 월령을 기준으로 하는 것이 아니라 본주를 제외한 다른 세 주의 지지와 본간과의 12운성 중 가장 scale이 큰 지지를 기준으로 삼는다. 그리고 이를 격령格令이라 하고 격국 분석을 한다.
　격국 분석과 명반 분석을 통해 사주의 구조를 파악한다.

(4) 십성론보다는 오성론五星論을 위주로 하고, 특히 正/偏의 구분이 필요한 경우에는 부분적으로 수용한다.

(5) 강약 분석 등에서 중화주의는 따르지 않는다. 류운이 들어올 때 본간을 우선하고 격령을 차선으로 하여 유불리有不利, 길흉吉凶을 따진다.(비겁과 인성 순으로 길하고, 식상, 재성, 관살 순으로 불리하다.)

(6) 고법과 금법의 해독 체계와 법술은 검증 가능한 한 모두 인정하고 받아들인다. 단 궁성론宮城論과 근묘화실根苗花實법은 그 수용 여부를 좀 더 연구해 볼 필요성이 있다.

표준 모형 탐색標準模型探索

도표 28 신법 표준 모형 예

比劫	印授	比劫	食傷	本干 5星

格令		本干		
시주時柱	일주日柱	월주月柱	년주年柱	命盤
乙	己	壬	壬	
亥	酉	子	寅	

帶	生	旺	病	各柱 12運星
祿	生	旺	病	本干 12運星

山頭火	大驛土	桑拓木	金箔金	納音五行

85	75	65	55	45	35	25	15	5세	大運數	運盤
辛酉	庚申	己未	戊午	丁巳	丙辰	乙卯	甲寅	癸丑	大運	

旺	祿	養	胎	祿	生	旺	祿	衰	各柱 12運星
浴	生	養	胎	絶	墓	死	病	衰	本干 12運星

위의 예시 사주를 분석해 보면,

(1) 주체
- 각 주의 12운성 scale(년주 壬寅 病 3, 월주 壬子 旺 5, 일주 己酉 生 2, 시주 乙亥 帶 4)중 월주 壬子가 가장 크다.
- 따라서 사주의 주체는 월주와 월간을 삼고 이를 본주, 본간이라 한다.

(2) 격령과 격국 분석
- 본간(월간 壬)과 여타 세 주의 지지 간 12운성 유효 엔트

로피 scale(년지 寅 病 3, 일지 酉 生 2, 시지 亥 祿 5) 중 시지 亥가 가장 크므로 이를 격령으로 삼는다.
- 격국은 격령 亥가 본간 壬과 비겁 관계이므로 비겁격比劫格이 된다.(오성론에서는 비겁격을 격국으로 인정하고 있다.)

(3) 기타 명반 분석
- 신살 체계 등 필요한 고법의 해독 방법 사용
- 간지론, 물상론, 형충회합론 등 필요한 금법 해독 방법 사용

(4) 류운流運 분석(大運, 歲運 분석)
- 본간 임수, 격령 해수이므로 水氣(비겁)와 金氣(인성)가 유리하고 木氣(식상), 火氣(재성), 土氣(관살) 순으로 불리하다.
- 경우에 따라 납음오행기로 분석할 수도 있다.
- 이때 류운 각 주의 12운성과 본간 대비 류운 각 주의 12운성 scale은 유불리의 영향력 정도를 나타낸다.

후기 後記

명리학命理學이란 무엇인가?

 현생 인류사를 살펴보면 대부분의 사상, 철학, 종교들은 영원불멸한 부동의 근본을 가정하고 그 위에 구조물을 짓는다. 플라톤은 '이데아(Idea)'를 상정하였고 그 기반 위에 서양철학과 과학이 쌓아 올려져 갔다. 프톨레마이오스의 지동설은 지구라는 부동의 중심이 있었고, 코페르니쿠스는 태양이 부동의 중심이고 후대에는 태양을 대체하는 그 어떤 우주의 중심이 있다고 믿었다. 그리고 현재의 우리는 광속불변光速不變의 토대 위에 서 있다.
 패러다임의 전환은 이 부동의 근본이 깨질 때 발생한다. 지구가 근본이 아님을 깨달았을 때 우리는 코페르니쿠스의 세계로 진입할 수 있었다. 또 코페르니쿠스의 절대계가 아인슈타인의 상대성 이론에 의해 붕괴될 때 우리는 또 한 번 패러다임의 전환을 경험하게 되었고 그 혁신은 현재도 진행 중이라 볼 수 있다. 머지않은 미래에 우리는 광속 불변이 틀렸으며 뭔가 다른 어떤 절대적 이데아로 부동의 one-top 자리를 대체할지도 모른다.
 이처럼 인류의 문화는 최후의 절대적 이데아를 상정하지 않으면 성립되지 못하는 존재인지도 모른다. 우리가 양자론이 나온 지 100여 년이 훌쩍 넘었지만 아직도 그것을 제대로 이해하지 못하는 이유는 양자론이 본질적으로 중심 이데아 자체를 부정하고 깨트려 나아가는 속성이 있기 때문일 수도 있다. 그리고 상대성이론과 양자론을 통합하려는 대통합이론(GUT)은 불가능한 꿈을 꾸는 것일 수도 있다. 왜냐하면 이데아론과 반이데아론을 어떻게 하나의 이론으로 묶을 수 있겠는가? 방법이 있다면 보다 고차원의 경지에서 하나로 묶든가.

그렇다면 명리학은 어떠한가? 명리학 또한 오행이라는 절대적 이데아 위에 방대한 지식 체계와 실증 데이터들을 구축해 놓은 학문이다. 그렇지만 명리학은 여전히 어렵고 신비적이다. 뭔가 신비적이고 신의 영역이라 할 수 있는 운명을 직접적으로 다루고 있다는 점 때문에 명리학은 오랜 기간 동안 불신받고 비판받고 때때로 모멸의 대상이 되기도 하였다.

명리학이 제대로 된 학문이 아니어서 그렇다고 말할 수도 있다. 그러나 우리는 무지와 편견의 꺼풀을 벗겨 내면 명리학이 수천 년을 단련해 내려온 동양 지혜와 사상의 총화란 것을 알 수 있다. 공자로 시작해서 정약용에서 마지막 정점을 찍었다는 유학사儒學史의 알파와 오메가인 공자와 다산 선생이 필생의 심혈을 기울여 붙들고 씨름했던 것이 곧 주역을 포함한 예측학으로서의 명리학이다.

  그러면 명리학은 왜 대가들조차 제대로 붙들고 있지 못할 정도로 흔들렸었던가? 그것은 너무나 간단하게도 부동의 이데아여야 했던 오행 그 자체가 춤추고 있기 때문이다. 요동치는 오행기와 오행의 작용들은 마치 춤추고 있는 양자장量子場들의 요동과 같다. 양자론과 명리학은 무한히 변화하는 역易의 위에서 춤추고 있어서, 4차원의 인간으로서는 본질적으로 보고 느낄 수가 없는 것일지도 모른다.

  필자의 고향 마산馬山이 자랑하는 세계적인 조각가인 문신文信 선생은 그의 치열한 예술 작업 노트에서 이렇게 말하고 있다. "우주 만물은 엄연히 원초原初에서 생성했어도 그것을 시각視覺으로 볼 순 없었다. 인간은 현실에 살면서 보이지 않는 미래未來에 대한 꿈을 그리고 있다."

  나는 명리학과 양자물리학이 인류가 진리를 찾아가는 기나긴 여정에서 훌륭한 동반자가 될 수 있다고 생각한다. 인간의 감각으로는 도저히 파악할 수 없는 영역 속으로 수학적 도구와 오행기와 60간지의 상징체계에만 의지한 채 우직하게 뚜벅뚜벅 걸어 들어가고 있는 것이다. 그리고 그 길은 알 수 없는 미래를 꿈꾸고 있는 생명체 인류의 본능의 길인 것이다.

　문신文信(1923~1995) 선생의 묘비명(마산시 추산동 문신미술관 내 소재)을 인용하며 졸고를 마치고자 한다.

나는 노예처럼 작업하고,
나는 서민과 함께 생활하고,
나는 신처럼 창조한다

문 신(文 信)